Natasha Kimberly

Keep it real

W0085321

Natasha Kimberly

Keep it real

Wie du in einer Welt voller Fake und Filter du selbst bleibst

riva

Bibliografische Information der Deutschen Nationalbibliothek
Die Deutsche Nationalbibliothek verzeichnet diese Publikation in der Deutschen Nationalbibliografie. Detaillierte bibliografische Daten sind im Internet über http://d-nb.de abrufbar.

Für Fragen und Anregungen:
info@rivaverlag.de

Originalausgabe
1. Auflage 2020
© 2020 by riva Verlag, ein Imprint der Münchner Verlagsgruppe GmbH
Nymphenburger Straße 86
D-80636 München
Tel.: 089 651285-0
Fax: 089 652096

Redaktion: Dr. Sybille Beck
Umschlaggestaltung und Layout: Manuela Amode
Umschlagabbildung: © Burak Cayci; shutterstock.com/Miloje
Satz: Röser MEDIA, Karlsruhe
Druck: CPI books GmbH, Leck
Printed in Germany

ISBN Print 978-3-7423-1116-0
ISBN E-Book (PDF) 978-3-7453-0762-7
ISBN E-Book (EPUB, Mobi) 978-3-7453-0763-4

Weitere Informationen zum Verlag finden Sie unter
www.rivaverlag.de
Beachten Sie auch unsere weiteren Verlage unter www.m-vg.de

Inhaltsverzeichnis

Vorwort 9

#ich 13

Meine Kindheit 14
Meine Schulzeit 15
Meine Nebenjobs 16
Mein Weg zum Fernsehen. 17

#nobeautychannel 23
Ich schaue ein Schminktutorial .23

#bockwurst 29

Positive vs. perfekte Inhalte 30
Die (für mich) schlimmsten Insta-Fails 32
1. Gestellte Liebesfotos 32
2. Gestellte Momentaufnahmen 33
3. Frühstück-im-Bett-Fotos 33
4. Zu krass bearbeitete Fotos 34
5. Die Hand 34

#notperfect 37
Was an mir nicht perfekt ist 37

#dasproblem 43

#unfollow 51

Liebe dich selbst, aber mach 'nen Filter drüber 51
Folge nur dem guten Gefühl 53

#confidence 55

Meine Familie 55

Tipp 1: Aufräumen (nicht dein Zimmer, sondern
dein Umfeld) 62

Umgib dich mit Menschen, die dir guttun 62

Tipp 2: Finde eine Arbeit, die dich glücklich macht 65

Tipp 3: Sei frei und selbstständig 67

Tipp 4: Sei gesund. 68

#freunde 69

Fake Friends 74

#selflove 81

»Fake it till you make it« 83

Führe eine »Erfolgsliste«. 84

Cheer you up! 86

Gib auch mal Kontra 87

Vergleiche dich nicht immer mit anderen 87

Achte auf die schönen Dinge im Leben 89

Distanziere dich von Negativität. 91

Sei positiv 91

Was du nicht ändern kannst, nimm hin. 92

Me First – du hast Priorität 92

#hatersgonnahate 95

Lektion 1: Identifiziere diese Klabusterbären 96

Lektion 2: So schützt du dich vor Hass und Mobbing 99

Lektion 3: Be Love. 103

#konter 105

Wenn jemand schlecht über dein Aussehen spricht 107

Wenn jemand deine Art beleidigt. .108

Dumme Anmachsprüche und wie du die Dünnpfiffgurgler
schnell wieder loswirst 109

badvibes 111

frauen 119

Was wir Frauen wirklich meinen 120
Warum ich gerne eine Frau bin 123
Multitasking 123
Stärke und Schwäche 124
Optik 124
Menstruation 125
Emotionsquotient 125

frauenhassenfrauen 127

Sechs Gründe, wieso Bratzen Frauen hassen 129

girlboss 133

Was zur Hölle ist ein Girl Boss denn überhaupt? 135
Gewohnheiten eines Girl Bosses 136
Kümmere dich um dich selbst 136
Struktur 136
Kommuniziere deutlich und klar 138
Bewegung (ja, ich weiß, ich kotze auch) 139
Leg den digitalen Scheiß mal weg .139
Bilde dich weiter 139
Sei kein Egoschwein 140
Sei mit Menschen zusammen, die das gleiche Ziel
verfolgen wie du 140
Aufräumen, und zwar deine Bude, du Messi 140
Akzeptiere Fehler 141

reallife 143

#foodlove #bodyshaming 149

Ich liebe Essen.....................................149
Body Shaming.....................................153
Ich und Sport.....................................154
Vitamine für ein gutes Körpergefühl..................156

#liebe 159

#quotes 167

Sprüche, die ich gegen Hater verwendet habe 167
Sprüche für Singles 169
So wirst du einen Mann schnell los...................170
Sprüche bei Liebeskummer.........................171
Über uns Frauen 172
Figur und Essen...................................173

#reisen 175

Holland 178
Thailand...180
Malediven 185
Italien: Tropea – Rom – Venedig 188
Griechenland.....................................191
Mexiko..191
Dominikanische Republik 194
Frankreich – Korsika 196
Niederländische Antillen – Curaçao 198
USA: Miami – Bahamas 200

#famous 205

#fazit..219

Vorwort

Wie fange ich das hier denn jetzt an? Ich sitze im Zug, während ich immer wieder zu mir selbst sage: »Alte, du hast Journalismus studiert, du bist klug, wortgewandt und eloquent, auch wenn die meisten von dir denken, du kannst nur primitive Witze auf YouTube reißen.«
Nehmt dies, ihr Penner!

Okay ... warte. Gang zurück. Das hier wird kein pseudo-deeper Scheiß, der euer Leben verändern wird. Wer das erwartet, sollte genau jetzt dieses Buch schließen, verbrennen und in dem Feuer ein Steak braten. Ich wäre cool damit, allein schon deshalb, weil du das Buch eh schon gekauft hast! Höhö.
Was das hier ist, bewertest du am besten für dich selbst. Was es dir bringt, ist individuell. Mir bringt es hoffentlich Reichtum, Fans und einen Friedensnobelpreis. Ironie off.
Aber ja, ich freue mich auf den Moment, in dem ich selbstgefällig sagen kann: »Schlagen Sie das doch bitte einfach in meinem Werk *Keep it real* nach.«

Warum ich das hier mache, ist einfach. Ich leide an einem nicht zu befriedigenden Geltungsdrang. Aufmerksamkeit ist geil. Alles, was ich brauche, ist Bestätigung von Fremden, und ich habe keinen Bock und bin zu faul für einen richtigen Job.
Ich hoffe, ich konnte damit kompakt alle Klischees eines sogenannten INFLUENCERS, der ich aus Versehen geworden bin, bedienen. You're welcome.

Tatsächlich verhält es sich aber etwas anders. Ich bin reingerutscht in diese Rolle, sie wurde mir aufgedrückt, ich bin unabsichtlich dazu geworden.

Wie das alles passiert ist, sollst du auf den folgenden Seiten erfahren. Ich möchte dir erzählen, warum es manchmal gar nicht so einfach ist, in dieser komischen Welt namens Social Media zu überleben.

Ich mach den Spaß jetzt schon eine Weile und freu mich riesig, meine Eindrücke mit dir zu teilen. Ach, und ganz nebenbei erfährst du noch ein bisschen was über mich, wieso ich bin, wie ich bin, und wie du selbst vielleicht zum coolsten Motherf***er in deiner Hood wirst. Denn das ist doch alles, was du willst ... ich weiß es.

Nee, Spaß! Jetzt mal im Ernst: Ich freu mich, dass du jetzt anfängst zu lesen.

Wunder dich nicht, ich mach das hier in meinem Style. Die Kapitel sollen kurz sein. Wie meine Videos. Das Internet hat uns dazu erzogen, die Aufmerksamkeitsspanne einer Fliege zu haben. Also keine. Deswegen halte ich es knackig. Und das sage ich nicht, weil mir am Ende die Ideen ausgingen. Oder vielleicht doch? You will never know ...

Ich habe mich oft gefragt: Wieso bin ich auf dieser Welt? Was ist meine Aufgabe, meine Bestimmung? Ich weiß, das klingt total groß, aber ich denke, jeder sollte sich Gedanken darüber machen, wieso er hier ist und was er mit seinem Leben anfangen will. Ich glaube daran, dass der Zweck, wieso wir hier sind, Hand in Hand mit unserer Leidenschaft geht.

Essen ist zum Beispiel eine meiner Leidenschaften. Ja, ich frage mich auch jeden Tag, wieso ich kein Restauranttester geworden bin. Aber zum Glück konnte ich auf der bis jetzt noch recht kurzen Reise meines Lebens noch andere Leidenschaften entwickeln. Ganz grob gesagt möchte ich Stärke, Liebe und Freude weitergeben. Ich möchte Dinge bewegen, und zwar im Menschen selbst.

Es ist eine Reise, und ich nehme dich gern mit. Und keine Angst, ich habe Snacks dabei.

Also. Let's go.

#ich

*»Geil, jetzt fängt die Alte direkt
an, über sich selbst zu reden.«*

Aber das wird keine Lobeshymne auf mein Selbst, sondern ich will dir einfach erzählen, wer ich bin. Wenn du mich aus dem Internet kennst, hast du bereits ein Bild von mir. So funktioniert der Scheiß. Ich schmeiß was in den bunten Social-Media-Pott, und du formst dir daraus meinen Charakter zusammen. Ich habe euch gefragt, wie ihr mein Wesen beschreiben würdet. Die breite Masse verpasst mir folgende Adjektive:

»VERFRESSEN«
»ANSTRENGEND«
»LUSTIG«
»DIE DISS-QUEEN«

Alles Stempel, die mir unfreiwillig aufgedrückt wurden. Natürlich habe ich Einfluss darauf, indem ich entscheide, was und vor allem wie ich mich im Social-Media-Bereich präsentiere. Aber bin ich das wirklich? Oder ist das nur mein Onlineavatar? SURPRISE!
Ich bin verfressen ... und wie! Ernsthaft, ich esse, während ich das hier schreibe. Ich verstehe, wieso man mich als anstrengend beschreibt, aber ich muss euch enttäuschen. Das bin ich nicht. Wäre ich immer so aufgekratzt wie in meinen Videos, wäre ich eine Riesenbelastung für mich und meine Umwelt. Aber sei sicher, ich habe sie, die Balance zwischen aufgedreht und tiefenentspannt.

Meine Kindheit

Geboren am 15.09.1991 (save the date and kauf mir Geschenke) in Mönchengladbach, erblickte ich rot wie ein Affenarsch das Licht der Welt. So weit, so gut.

Groß geworden bin ich in einem kleinen, beschaulichen, nach Kuhmist riechenden Dörfli. Süchteln! Da gibt's übrigens auch eine Irrenanstalt ... Aber das ist eine andere Geschichte.

Ein Vollmilchschoko-Kind mit aschblonden Haaren (ja, sie sind echt von Natur aus so hell), wurde ich in eine Welt gesetzt, in der es nicht sooo viele andere Schoko-Kinder gab. Ich habe früh gelernt, dass ich besonders aussehe oder eben ANDERS als die anderen. Ich glaube, deswegen war ich ein eher schüchternes Kind. Ich fühlte mich wohler bei Erwachsenen oder tatsächlich ganz alleine. Ach ja, dazu kam auch noch, dass ich, bis ich 12 war, auf einem Auge schielte. Sprüche wie: »Warum guckst du mich nicht an?« oder: »Deine Haare stehen so komisch ab!« oder: »Wieso bist du so braun?« gehörten schon zu meinem Alltag. Ich wusste, dass ich nicht aussah wie jeder, und ich wusste nicht, mit wem ich mich identifizieren sollte. Im Laufe meiner Pubertät wurde dieses Thema immer wichtiger für mich.

Zu wem gehöre ich? Ich bin ein mixed child. Ein Kind, das zwei unterschiedliche Ethnien in sich trägt. Das ist was Wundervolles, wie ich finde. Aber in meiner Entwicklung kam es immer wieder zu kleinen Identitätskrisen. Ganz platt gesagt: Wenn ich zu Menschen sage, ich sei auch weiß, sagen sie immer: DU BIST NICHT WEISS. Wenn ich zu Schwarzen sage: ICH BIN SCHWARZ, sagen sie mir, das sei ich nicht und ich könne nicht verstehen, was es hieße, wirklich schwarz zu sein.

Ich verstehe die Komplexität dieses Themas und kann hier nur über meine eigenen Emotionen schreiben. Und genau diese waren oft verwirrt, weil ich mich gerne mit weißen und schwarzen Menschen identifizieren wollte, beide Gruppen mir aber immer signalisierten, ich passe irgendwie nicht ganz rein. Ich fing an, mir die Haare chemisch zu glätten und dunkel zu färben. Mama war entsetzt, alle anderen fanden mich plötzlich nicht mehr so außergewöhnlich. Es sind sogar mehrfach Leute auf mich zugekommen und haben gefragt (haltet euch fest): »Bist du auf der Sonnenbank eingeschlafen?!« Sie erkannten nicht mehr, dass ich halb schwarz war. Und das war gar nicht cool, denn meine schwarze Seite sollte auf keinen Fall verleugnet werden. Trotzdem habe ich mich in den ersten Jahren meines Teenagerdaseins lieber angepasst.

Meine Schulzeit

Ich ging zur Schule und war auch, bis ich aufs Gymnasium kam, überdurchschnittlich gut. Aber dann ... kam es auf mich zu, das Unheil. Namens MATHEMATIK. Können wir kurz darüber reden, was MATHEMATIK für ein Arschloch ist? Für mich ist Mathematik eine DRAMA QUEEN. Es kann nicht wahr sein, dass jemand ernsthaft so viele Probleme hat, die es zu lösen gibt. Leute, ich habe aufgehört, Mathe zu verstehen, als das Alphabet beschlossen hat mitzumischen.
C I A O.
Ich war das Kind, das glücklich darüber war, dass es mit seinem Taschenrechner »ESEL« schreiben konnte. Ich war das Kind, zu dem der Lehrer sagte: »Natasha, wieso zeigst du auf? Musst du schon wieder auf die Toilette oder weißt du echt die Lösung?« Surprise. Ich wusste sie nie, die Lösung. Aber ich wusste, wie ich diese unfassbare Grauenhaftigkeit mal x hoch leck mich am Arsch überstehen konnte: Nix Toilette. Ich stolzierte in die Schulcafeteria und holte mir mein geliebtes Tunfischbaguette. Essen macht einfach alles wieder gut.
Na ja, außer deiner Note in Mathe. 5.

Meine Nebenjobs

Damit stand für mich also schon mal fest: Für eine Karriere als Naturwissenschaftler reicht's nicht. Und wenn wir ganz ehrlich sind, reicht es noch nicht mal für die Kasse im Supermarkt oder für eine Kellnerin. Ich glaub ja, im Zwischenmenschlichen wäre ich echt gut, aber sobald eine Truppe mit 12 Leuten am Tisch sitzen und sagen würde: »Wir bezahlen getrennt«, würde ich heulend den Laden verlassen.

Darum musste ich auch irgendwie schauen, wie ich mir ein paar Euro während meiner Schulzeit dazuverdienen konnte. Alle meine Freunde waren natürlich Kellner und megahappy damit, naaa toll. So wie sich mein Leben jetzt entwickelt hat, ist es noch lustiger, wo ich letztendlich gelandet bin. IN EINEM FITNESSSTUDIO.

Ich weiß, das muss man erst mal sacken lassen. Ich, die sporthassende Bewegungslegasthenikerin, stand also hinter dem Tresen eines kleinen Fitnessstudios. Ich musste diese widerwärtigen Shakes mixen, Proteinriegel verkaufen und mich ganz nebenbei von so Testoprolos angraben lassen. Ich kann mir nichts Schöneres vorstellen.

Brenzlig wurde mein Job, als mich so ein Hampelmann so dumm angemacht hat, dass ich gefragt habe, ob von den Anabolika, die er sich spritzt, eigentlich neben seinem Penis auch sein Hirn kleiner wird. Ich bin vielleicht nicht sportlich, aber zuschlagen kann ich ... mit Worten. Das ist wohl nur nicht immer so gut im Kundenservice, habe ich gelernt. Der Kunde ist König, heißt es ja so schön. Hey, aber sorry, wenn der Kunde ein aufmüpfiger Intelligenzverweigerer ist, reicht's mir. Dieser Kunde ist kackig, nicht König.

Es ist fast überflüssig zu erwähnen, dass ich diesen Job nicht sonderlich lang gemacht hab, ne? Mein Taschengeld hat's für einen Moment aufgebessert, und ich musste auch gar nicht rechnen. Yeahhh.

Mein Weg zum Fernsehen

Am Ende meiner Schullaufbahn brach mir aber genau dieses RECHNEN das Genick. Ich ging nach der 12. Klasse vom Gymnasium ab, weil ich sonst sitzen geblieben wäre. Mir diese Blöße zu geben war keine Option, also bastelte ich innerhalb von ein paar Stunden einen neuen Schlachtplan für mein Leben, von dem ich meine ziemlich stinkige Mutter überzeugen musste.
Kennt ihr das? Wenn Mamas sauer werden ... ins Zimmer kommen, rumschreien, die Tür knallen und wiederkommen, wenn ihnen noch was einfällt, um dich fertigzumachen? Ich glaube, meine Mama hat diese, ich nenn es mal liebevoll »Sportart« erfunden. Eieiei, war sie böse auf mich, als ich ihr mitteilte, dass ich sitzen bleibe, aber nicht vorhabe, das Jahr zu wiederholen.
Ich bin die Art Mensch, ich komme gern mit Lösungen, außer halt in Mathe. Der Wunsch, beim TV zu arbeiten, war schon immer da. Ich weiß nicht genau, wo die Liebe zum TV herkommt, aber solang ich denken kann, fühlte ich mich zu Berufen hingezogen, die in den Entertainment/Infotainment-Bereich fallen.

Ich war wirklich schon immer schüchtern, aber ich habe es mir nie nehmen lassen, auf einer Bühne zu stehen.
Meine erste Rolle spielte ich im Urlaub mit meinen Großeltern. Ich war der Star eines im Hotel aufgeführten Theaterstücks. *Cinderella*. Okay, ich war nicht ganz der Star und vielleicht auch nur das kleine Vöglein, das Cinderella beim Anziehen half, aber ich habe es wirklich mit Überzeugung und Inbrunst gespielt.

Es folgten Auftritte, bei denen ich wie bei der *Mini Playback Show* zu Songs wie »Weil ich ein Mädchen bin« performte. »Keine Widerrede, Mann, weil ich ja sowieso gewinn, weil ich ein Mädchen bin, weil ich ein Mädchen bin.«

Und noch so ein paar megadumme Sachen habe ich gemacht, als ich jung war, die doch irgendwie zu meinem jetzigen Lebensmodell passen. Ich habe es geliebt, Fotos zu machen. Nicht von anderen, sondern von mir selbst. (Ich muss so über mich selbst lachen gerade, ich war alles, was ich heute an Menschen verabscheue.)
Kennt ihr noch Flickr? Das war früher so was wie Instagram. Man lud dort seine Fotos hoch und bekam Kommentare. Ich hatte auch dort eine ordentliche Reichweite.
Gespickt war mein Profil mit komischen »Von oben«-Selfies und professionellen Fotos. Ich war nämlich auf so einer Schäbbokartei angemeldet, wo Hobbyfotografen mit Hobbymodels zusammenkamen, um umsonst gemeinsam Fotos zu machen.
Sorry, du Model. Rückblickend würde ich mir gerne eine reinhauen. Manche Bilder sind echt fresh geworden, aber unter den netten Hobbyfotografen waren halt auch mal komische Hobbycreeps: »Zieh doch mal dein Oberteil aus, das sieht cooler aus.« Als ich solch eine Erfahrung machte, war's dann vorbei mit dem »Modeln«. Denn darauf hatte ich gar keinen Bock.

Wie auch immer. Das alles waren aber definitiv Hinweise darauf, wo meine Zukunft hingehen könnte. Schüchtern, aber extrovertiert, aber schüchtern. Komischer Mix.
Während meiner Schulzeit fand ich den Job des Moderators immer am allercoolsten. Und darauf habe ich mich dann auch besonnen, als es hieß: WAS WILLST DU JETZT MIT DEINEM LEBEN MACHEN?

Also fand ich einen Praktikumsplatz bei einem kleinen TV-Sender, der dazu führen sollte, dass ich meinen Fachhochschulabschluss bekommen konnte, um anschließend zu studieren. Ohne noch mal zur Schule zu gehen, wollte ich weitermachen. Ich kann mir vorstellen, dass viele Eltern ihrem Kind diese Chance verwehrt hätten, eben weil das System anders funktioniert, weil wir zu oft auf Pfaden gehen, die schon vor uns jemand gegangen ist, und wir uns so sicher fühlen.

Aber meine Mum hat mir die Chance eingeräumt, das zu tun, was ich möchte. Und ich wäre jetzt nicht an diesem Punkt in meinem Leben, wenn dieser Moment anders gelaufen wäre.

Das einjährige Praktikum beim Mönchengladbacher Stadtfernsehen hat alle Grundsteine für meine Karriere gelegt. Ich habe gelernt, zu schneiden, zu texten, zu drehen. Ich stand das erste Mal vor einer Kamera. Ich habe dort über mich gelernt, dass ich genau das tun will: Inhalte produzieren.

Zu Beginn habe ich dort noch ganz entspannt die Wettertexte geschrieben. Aber ich wollte mehr, und so bekam ich immer größere Verantwortung vom Sender. Meine ersten eigenen Beiträge entstanden, und ich hätte nicht stolzer sein können. Ich weiß noch genau, wie beflügelt ich mich gefühlt habe, wenn ich mit meiner Kamera rausgeschickt wurde, um selbst zu drehen und Interviews einzuholen.

Relativ schnell durfte ich auch meine eigenen Formate entwickeln. Das erste war ein Clubcheck. Ich bin durchs Nachtleben geflattert und hab die Mönchengladbacher Nachtszene unter die Lupe genommen. Ob es toll war, von Besoffenen während einer Anmoderation angepöbelt zu werden? Ob es toll war, Angst davor zu haben, dass dein Interviewpartner dir gleich auf den Schoß kotzt? Ich denke nicht. Aber erfüllend war es, denn es war mein erstes eigenes Baby. Ich hatte echt Blut geleckt. Vor allem habe ich meinen Kram auch selbst geschnitten, was mir fast noch mehr Spaß gemacht hat, als ihn zu drehen. Neben dem Video, das dann tatsächlich verwendet wurde, habe ich regelmäßig meine Outtakes gesammelt, um sie auf meinen privaten Facebook-Account hochzuladen, denn irgendwie waren die Patzer immer noch viel witziger als meine Berichte. Und meinen Freunden gefiel es total. Ich glaube heute, dass auch das eine Ankündigung war, wo mein Leben dann hingehen sollte ... Videos mit Witz.

Im Anschluss an diese unglaublich lehrreiche Zeit wollte ich meine Skills vertiefen, indem ich Journalismus und Unternehmenskommunikation studierte. Zeitgleich habe ich angefangen, bei anderen TV-Sendern und Produktionsfirmen zu arbeiten. Alles immer noch mit glatten Haaren, wohlgemerkt. Mittlerweile war ich aber zu meiner Naturfarbe Blond zurückgekehrt.
Ich habe zum Beispiel in einer Nachrichtenredaktion gearbeitet. Was für mich rückblickend echt nicht so das Wahre war. Beim TV ist es nicht immer so schillernd und lustig, wie man es sich vorstellt. Man kommt in Berührung mit sehr viel Stress, Zeitdruck und generell komischen Gefühlen. Zumindest war meine Erfahrung so.
Ich hatte megatolle Kollegen, musste mich aber auch mit Chefs mit cholerischen Anfällen auseinandersetzen und ging meist mit negativen Gefühlen nach Hause. Während meiner Zeit bei den Nachrichten habe ich mich mehrfach gefragt, ob es das ist, was ich will.
Sie trainieren ihre Redakteure zu Sensationsgeiern, die sich an Leid und schlechten Ereignissen ergötzen, um ja als Erste die schlimmste Nachricht des Tages rauszuhauen.
Man stumpft ab, und die News werden nur noch zum Instrument. Oft kam ich nach Hause und hab geweint. Ich bin sausensibel, solltest du wissen. Einmal hat mein Chef mich vorm ganzen Büro gefragt: »Bist du dumm? Wieso bist du über-

haupt hier?« Einfach nur weil ihm nicht gefallen hatte, wie ich meinen Bericht getextet habe. Solch ein Ton war zumindest unter diesem CvD (Chef vom Dienst) Programm. Ich war Praktikantin, und das hat mich echt hart getroffen. Ich erinnere mich genau daran, wie ich heulend, mit zitternder Stimme in der Vertonungskabine stand. Echt nicht cool. Das Geilste war, am Ende des Tages sagte der gleiche CvD zu meinem zuvor getadelten Filmchen: »Dein Beitrag war richtig gut.« Wow. Wo bin ich hier? »Natürlich ist mein Beitrag gut, und du bist ein Arschloch!«, hätte ich am liebsten gesagt.

Ich habe mich dort den ganzen Tag damit beschäftigt, was Schlechtes in der Welt passiert, nur ein Bruchteil der Berichte war positiv, und das hat mich fertiggemacht. Als sie mich nach meinem Studium übernehmen wollten, habe ich abgelehnt. Ich wollte zwar immer noch beim Fernsehen arbeiten, aber ich wollte Geschichten erzählen, die inspirieren, froh machen oder unterhalten.

Ein bisschen Abstand dazu bekam ich in meinem zweiten Nebenjob. Ich war Kabelträger bei den Öffentlich-Rechtlichen. Zu schade war ich mir für nichts, wenn es mich denn noch tiefer in die TV-Welt eintauchen ließ. An meinem ersten Tag kam ich dort an und sah den Studioassistenten, der mit Headset und Stoppuhr ganz cool die Livesendungen regelte, und sagte zu meiner damaligen Chefin: »Wenn ich groß bin, will ich das werden.« Es hat nur ein paar Monate gedauert, da hatte ich den Job. Ich koordinierte kleine Livesendungen, Liveschaltungen, sagte die Zeiten an, schmiss, wenn es sein musste, mit den Moderatoren die Sendungen um, und koordinierte die Kommunikation zwischen Regie und Studio.

Klingt viel aufwendiger, als es eigentlich war. Ich fand's einfach mega, die ganze Zeit zu schreien: »NOCH 10 SEKUNDEN BIS ZUR SENDUNG, NOCH 5 … und ACHTUNG!«

Ganz kleiner Sidekick: Genau in diesem Job lernte ich meinen Freund kennen. Er kam als Kabelhilfe, und ich habe ihn angelernt. Hihi.

In dieser ganzen Studien- und Arbeitszeit wurde übrigens mein YouTube-Kanal geboren. So ganz nebenbei. Er hieß am Anfang noch »ExpressHerself«. Nee, hat keine deepe Bedeutung, ich fand damals den Song »Express Yourself« von N.W.A total geil, und »Expressyourself« war leider schon vergeben. Kreativ sein kann ich.

Warum das Ganze? Schon seit ich denken kann, hieß es in meinem Freundeskreis: »Tashi, du musst die Geschichte erzählen.« Ich liebe es, Erlebtes zu reflektieren und überspitzt wiederzugeben. Ich steh auf Überinterpretation und ich liebe Spannungsbögen. Ich schien also ein Talent dafür zu haben, Storys, die ich mit meinen Freunden erlebt habe, besonders witzig rüberzubringen. Es besteht zwar eine kleine Chance, dass sie mich nur ausgelacht haben, aber ich glaube ja an das Gute im Menschen. Alles hat quasi danach geschrien, YouTube zu machen. Denn offensichtlich hatte ich auch etwas zu sagen.

Zu Beginn drehte ich Videos wie »Was die Schminke bei Frauen bedeutet« oder »Wann Frauen wie Schlampen wirken«. Es hat sich sogar ein Beitrag zum Thema »Wie mache ich Afrolocken?« auf meinen Kanal verirrt. WOW.

Der Groschen für die Hauptidee fiel nur wenig später. Denn in dieser »Typisch Mädchen«-Rolle fühlte ich mich nicht wohl. Mich nervte, dass es fast nur Frauen im deutschen Onlineraum gab, die genau das repräsentierten, was ich nicht sein wollte.

Also musste ich wohl selber ran.

#nobeautychannel

Denn es gibt schon genug
Mädels, die sich anmalen

Ich verstehe total, dass es Beautychannels gibt. Ich selbst hab natürlich auch schon etliche Schmink- oder Haartutorials geguckt. Ich erinnere mich an eine Session, in der ich versuchen wollte, mir Smokey Eyes zu schminken. Ich möchte dir an dieser Stelle meinen Leidensweg in kurzen Etappen beschreiben.

Ich schaue ein Schminktutorial

- **Stufe 1:** Ich sehe den Look und denke mir, so schwer kann das ja nicht sein.
- **Stufe 2:** Ich freue mich, dass ich bald superhot aussehen werde, weil Madame XY es mir zeigt.
- **Stufe 3:** Ich stelle fest, dass mir zwei Drittel der Utensilien fehlen, die die Beautyfee benutzt.
- **Stufe 4:** Ich denke, ich krieg das auch mit meiner versifften Billo-Palette aus dem Drogeriemarkt hin. Und mein Finger reicht bestimmt als Pinsel. Ich denke außerdem: »Mann, so viele Pinsel hatte ich nicht mal im Kunstunterricht.«
- **Stufe 5:** Ich kriege es nicht hin.
- **Stufe 6:** Aggression kocht auf, weil ich nicht geil aussehe, sondern als hätte jemand mein Gesicht über einen dreckigen Bordstein geschleift.
- **Stufe 7:** Ich schminke mich ab.
- **Stufe 8:** Ich schminke mich wie gewohnt, einfach nur mit Wimperntusche.

- **Stufe 9:** Ich beschließe, nie wieder einem Schminkvideo zu folgen.
- **Stufe 10:** Ich guck mir noch mehr Schminkvideos an und versuche es irgendwann wieder.[1]

EIN TEUFELSKREIS.

Ganz ehrlich, ich habe noch nie eine Frau gesehen, die mit einem Bomben-Make-up reinkam und dann meinte: »Das habe ich auf YouTube gelernt.« Und falls das doch irgendeine kann, hasse ich sie!

Also suchte ich nach einem Twist, der mir gefiel. In einem Pool, der vor Schminkgirlies überläuft, wollte eben genau das nicht sein. Und so entstand mein geliebter »Nobeautychannel«.
Das lässt sich natürlich total auf meine private Situation übertragen. Mit dem Erwachsenwerden wurde mir klar: Ich muss zu keiner Gruppe gehören, ich muss nicht sein wie ..., sondern ich sollte einfach ich selbst sein. Besonders und eigen.

In dieser Zeit lernte ich auch meinen Freund kennen, mit dem ich bis jetzt vier Jahre meines Lebens teile. (WAT? DU HAST 'NEN FREUND?)
Allein seinetwegen trage ich wieder meine Naturlocken. Er hat mir beigebracht, mich schön zu finden, wie ich bin, und allein dafür ist er schon der beste Mensch, der mir je begegnet ist.
So, das reicht schon mit dem Liebesgeflüster, denn wenn ich ehrlich bin, geht dich das gar nix an. Es gehört mir, und genau deswegen halte ich sehr viel von meinem Liebesleben privat, ihr neugierigen Monster.

---

[1] An dieser Stelle möchte ich mich bei meiner besten Freundin entschuldigen – sie ist Make-up Artist.

Also, zurück zu meinem Channel. Das, was ich erreichen wollte und auch immer noch will, ist, das Bewusstsein der Leute zu stärken, diese Social-Media-Welt mit einem Augenzwinkern zu sehen. Dass man nicht jemanden imitieren muss, um cool zu sein, sondern einfach seine eigene Schönheit entfalten soll.

Während ich also diesen Channel betreute, schloss ich mein Studium ab und ging arbeiten. Ich bewarb ich mich bei einer Produktionsfirma und wurde Realisatorin für ein Kochwettbewerbsformat. Ich war also so was wie ein Regisseur, führte aber dazu auch alle Interviews am Set. Und das ausgerechnet für *Das perfekte Dinner*. OMG, geht's noch cooler? Ich denke nicht. Es vereint einfach meine unendliche Liebe zum Essen und die zum TV. Besser hätte ich es echt nicht treffen können. Das Format ist meist positiv, ich habe die tollsten Menschen als Kollegen, und es macht einfach riesigen Spaß.

Diesen Job mache ich heute noch, aber mittlerweile auf freiberuflicher Basis.

Es gibt so ein paar Fragen, die kommen immer wieder:
Was war das Außergewöhnlichste, was du jemals dort probiert hast?
Also, das war definitiv Zwerchfell vom Rind. Klingt total ekelhaft, ich weiß. ABER, es hat einfach wie megageiles Steak geschmeckt, ich schwör's dir. Ich glaube, ich würde es mir jetzt nicht unbedingt kaufen, aber es mal probiert zu haben war schon eine Erfahrung.

Was war deine außergewöhnlichste Begegnung?
Ich lerne bei diesem Beruf so viele Menschen kennen, aber wer mir am meisten im Kopf bleiben wird, ist ein Kandidat, der ein riesiger Fan der Serie *Hannibal* war. Du weißt schon, Hannibal Lecter ist der, der Bock hatte, Menschen zu mampfen. Der Kandi (wie wir intern liebevoll die Kandidaten nennen) kochte uns

eine katalanische Spezialität, den Blutpudding. Er präsentierte ganz fröhlich und euphorisch eine fette Schüssel mit frischem Blut. Es war wirklich seltsam, aber spannend, aber seltsam. Als er mir im Interview dann noch sagte, er fände es cool, wenn Straftäter zur Verspeisung freigegeben werden würden, wusste ich auch nicht genau, was ich denken sollte.

Also, ich will grundsätzlich auch immer alles essen. Aber Menschen? Ööhhh, neeee. Aber danke für diese Erfahrung.

Parallel habe ich ja mein Baby »Nobeautychannel« großgezogen. Dafür habe ich regelmäßig nach Drehschluss (circa 0 bis 3 Uhr nachts) meine Videos im Hotelzimmer gedreht, geschnitten und hochgeladen. Ich bin diverse Male morgens auf meinem PC aufgewacht, aber das Feuer war entfacht, als ich merkte, dass Menschen wirklich was damit anfangen können.

Meinen ersten »viralen Hit« hatte ich mit dem Video »Figurtrends«, in dem ich darüber gesprochen habe, wie gerne ich esse und dass ich nichts davon halte, dass bestimmte Figuren als besonders »toll« dargestellt werden.

Das Gefühl zu sehen, wie das erste Mal ein Video wirklich durch die Decke geht, war krass für mich. Ich erinnere mich, wie ich alle 15 Minuten die Kommentare aktualisiert habe, um nachzulesen, welches Feedback es gibt.

In wenigen Tagen hatte das Video auf Facebook Millionen Klicks und somit auch Millionen Menschen erreicht. Ich habe unzählige Nachrichten, vor allem von Frauen, erhalten, die sich dafür bedanken wollten, dass endlich mal jemand für »normale« Ideale einsteht. Das hat mich echt glücklich gemacht und mich dazu beflügelt weiterzumachen.

Heute kann ich stolz sagen, ich gebe Menschen ein gutes Gefühl ... Okay, nicht allen, weil ich vielen auch auf die Nerven gehe, aber dazu kommen wir später.

Im Laufe meiner Social-Media-Karriere entwickelte ich noch eine wichtige Figur für mich. Das »FILTERGESICHT«, ich nenne sie liebevoll Mrs. Bigmouth. Eigentlich bin ich es, einfach nur mit einem Filter, der den Mund stark vergrößert und die Stimme pitcht. Aber eigentlich ist es meine zweite Persönlichkeit, mein Alter Ego, und sie ist noch frecher, lauter und hemmungsloser als ich. Sie sollte alles aussprechen, was sich die »normale« Natasha nicht traut.

Auch damit landete ich einige virale Hits. So wuchs mein Publikum dank meiner frechen Schnauze und meiner Parodien auf die Onlinewelt immer weiter.

Es ist immer noch total unwirklich für mich. Ich kann mir nicht vorstellen, dass hinter den Zahlen, die da jeden Tag wachsen, echte Menschen stecken. Aber ich bin unendlich dankbar dafür.

Es ist immer so lange surreal, bis ich Begegnungen mit meinen Zuschauern im echten Leben habe, und das passiert mir mittlerweile fast immer, wenn ich das Haus verlasse. Das ist übrigens eine Sache, auf die ich nie scharf war: FAME, wie der superhippe Teenager sagen würde.

Es ist mir nach drei Jahren noch immer unangenehm, wenn ich durch die Innenstadt gehe und eine Gruppe von Mädels bekommt einen Schreikrampf, sodass auch alle anderen Passanten sich fragen: »WER IS DAT DENN? Am liebsten würde ich immer schreien: »NIEMAND! ICH BIN NIEMAND, gehen Sie weiter, es gibt nichts zu sehen.«

Natürlich freue ich mich über jede echte Begegnung. Die meisten sind auch entspannt. Aber wenn jemand anfängt zu weinen, wenn er mich sieht, bin ich überfordert und will dann auch weinen. Doch oft finde ich in solchen Gesprächen auch den Sinn hinter dem, was ich tue. Sätze wie: »Deinetwegen fühle ich mich wieder wohl in meiner Haut« oder: »Deinetwegen bin ich selbstbewusster« sind dabei die schönsten Dinge, die ich gehört habe.

Und deswegen mach ich weiter.

> Egal, ob du im Social-Media-Bereich erfolgreich sein möchtest oder in deinem Job: Es ist wichtig, dass du zu 100 Prozent hinter dem stehst, was du tust. Ist es für dich wertvoll, was du tust? Was ziehst du selbst für einen Nutzen aus deiner Tätigkeit? Wenn du zufrieden damit bist, welche Message du mit deinem Verhalten in diese Welt sendest, bist du auf dem richtigen Weg.

#bockwurst

*Denn ich bin lieber
bodenständig als abgehoben*

In einer Social-Media-Welt voll feinster Trüffelpasta war oder bin ich die bodenständige Bockwurst. Gib's zu: Eigentlich mag sie jeder. Aber am liebsten tun alle so, als fänden sie das delikate Trüffelschäumchen geiler. Einfach nur weil man sich damit einen »cooleren, außergewöhnlicheren« Stempel geben kann: »SEHT MICH AN, ICH HABE GESCHMACK UND GEHÖRE ZU DER ERLESENEN ELITE.«

Ich muss sagen, ich bin gerne die Bockwurst, das Essen für jedermann, wenn's mal schnell gehen muss – wo du weißt, was du bekommst, wenn du es siehst!

Don't be Trüffelschaum, be a Bockwurst!

Ich glaube, du weißt ganz genau, wovon ich rede. Ich glaube sogar, dass du dich auch mal schlecht gefühlt hast, während du durch Instagram gescrollt hast, als du mit Schlabberklamotten und rigorosem Shitface auf der Couch lagst.

Du hast gedacht: Wieso sind die alle so perfekt? Wieso sind die alle so schön, makellos, wieso haben die so ein geiles Leben, und wieso rieche ich eigentlich schon wieder nach Frittierfett? Ich weiß, Baby, ich weiß ... Ich liebe auch frittierte Sachen. Und weißt du, was ich noch mehr liebe als das? Mein echtes Ich.

Doch der Weg dahin ist Arbeit. Arbeit, die erschwert wird durch die ständige perfekte Präsenz mancher Onlinestars. Das ist ein Problem der Neuzeit. Ein Problem, das erst seit wenigen Generationen besteht. Früher waren Stars, Schauspieler, Musiker und Künstler für Otto Normalverbraucher unnahbar. Man bekam nur das mit, was unmittelbar mir ihrer Kunst zu tun hatte. Natürlich gab es auch Klatsch und Tratsch, aber das beeinflusste nicht unser Leben.

Positive vs. perfekte Inhalte

Was passiert aber, wenn Stars plötzlich anfangen, ihre angeblich echten perfekten alltäglichen Erlebnisse mit dir zu teilen, du jeden Schritt beobachten kannst? In erster Linie befriedigt das die natürliche Sensationsgier des Menschen. In zweiter macht es aber noch was ganz anderes: Wir fangen unterbewusst an, unser Leben mit dem der Stars/Influencer zu vergleichen. Da man sie täglich begleiten kann, entwickelt sich das Gefühl einer Freundschaft. Bei den 16- bis 24-Jährigen sind 89 Prozent der Internetnutzer auf sozialen Netzwerken unterwegs.[2] Das ist eine Gruppe von Menschen, die sich mitten in der Persönlichkeitsentwicklung befindet. Und nicht nur bei ihnen hat es Auswirkungen auf das eigene Wohlbefinden, und die realistische Wahrnehmung des Selbstwertgefühls wird gestört! Ich erinnere euch hier gerne an die Fotos unzähliger Teenager mit einer Hand vor dem Gesicht, weil sie sich nicht schön genug für die Onlinewelt finden.
HILLLFEEEEEE!!!!
Mir fehlte jemand, der genau diesen Menschen sagt: IHR SEID GUT, SO WIE IHR SEID. Ich habe einen Influencer vermisst, der Natürlichkeit und Echtheit vermittelt.

---

[2] https://blog.hubspot.de/marketing/social-media-in-deutschland (abgerufen am 25.07.2019).

Ich schaue mir zwar auch gerne tolle Bilder an, auf denen alles stimmt, aber wenn ein Feed ausschließlich damit gespickt ist, wird mir schlecht.

Zu den ganzen Mädels, die ihr Gesicht bemalen, als wären sie die Leinwand von Picasso, stießen dann in der Entwicklung von Social Media immer mehr Lifestyle-Blogger. Also Menschen, die ihr alltägliches Leben dokumentieren.
Die Grundidee gefällt mir gut. Richtig ausgeführt inspiriert ein Lifestyle-Blog, gibt dir Denkanstöße, bietet dir Mehrwert, den du im besten Fall für dich nutzen kannst. Geil. Und solche Inhalte werden von vielen tatsächlich angeboten. AAABBBBBERR ... es gibt auch ein paar Kandidaten, die da irgendwas missverstanden haben müssen. Denn aus »Ich zeige dir mein alltägliches Leben mit Höhen und Tiefen« wurde bei vielen »Ich zeige dir, wie geil mein Leben ist«.

Letzteres regt mich auf. Egal, wie schön und ansehnlich die Fotos sind, wenn ich keine Ecken und Kanten mehr sehe, wenn alles wie aus dem Märchen wirkt, kommt mir die Kotze hoch. Für mich gibt es einen klaren Unterschied zwischen **positiven** Inhalten und **perfekten** Inhalten.

Positive Inhalte können durchaus auch schöne Fotos oder ein stylischer Feed sein. Sie geben dir jedoch ein gutes Gefühl, wenn du sie konsumierst. Sie bieten etwas. Das kann ein schöner Text unter dem Bild sein, es kann Entertainment oder Inspiration sein.
Perfekte Inhalte hingegen zeigen dir ausschließlich Dinge, die unwirklich sind. Oft sind diese Inhalte sehr materiell geprägt – »mein Auto, mein Haus, mein Schmuck, meine Klamotten« – und überaus perfekt in Szene gesetzt. Eine positive Botschaft oder ein Mehrwert fehlt.

Unser Leben ist nun mal nicht perfekt. Wieso sollte mir also irgendwer einreden, dass es so ist? Was bringt mir das? Alles, was ein Channel, der ausschließlich den perfekten Lifestyle teilt, den Leuten gibt, ist NEID. Und das ist ein sehr schlechtes und niedrig schwingendes Gefühl. Genau das wollen wir doch vermeiden, wenn wir nach Feierabend durchs Netz scrollen. Wir wollen uns vor dem Schlafengehen nicht schlechter fühlen, sondern besser.

Da sich diese Welt aber vermutlich einfach weiterdreht, müssen die Influencer nicht an sich, sondern wir an uns arbeiten, um zu differenzieren, was wir wie aufnehmen sollten. Wir sollten unsere Sinne dafür schärfen, Fakes schnell zu erkennen, und sie somit nicht an unser Innerstes heranzulassen. Dabei gibt's ein paar Klassiker.

Die (für mich) schlimmsten Insta-Fails

1. Gestellte Liebesfotos

Du hast auf jeden Fall schon welche gesehen. Ein Pärchen. Er hebt sie hoch, und sie schauen sich tief in die Augen. Sie lächeln beide perfekt. Ihr Haar weht im Wind, und es sieht aus, als würde sie nur drei Kilo wiegen, denn er sieht gar nicht angestrengt aus, während er sie in die Höhe schmeißt.

Ihr könnt mir doch nicht erzählen, dass solche Bilder spontane Schnappschüsse sind. Wenn mich jemand hochhebt, ist in meinem Gesicht meist eine Mischung aus Angst und Hoffnung zu sehen. Ich will nicht runterfallen und hoffe, dass die Person, die mich hebt, genug Power hat, denn sonst wird's irgendwie komisch. Und was passiert eigentlich bei diesem megaromantischen Moment mit dem Fotografen? Diese Vorstellung ist einfach nur so weird, wenn es ein inszeniertes Bild ist. Ich muss wirklich jedes Mal lachen, wenn ich wieder sehe, wie manche ihre Beziehung online ausschlachten, um wenig später alle Bilder vom Feed zu löschen, weil sie Streit hatten oder sich getrennt haben. Am besten haben sie vorher noch das Hashtag #forever benutzt. Das ein oder andere Love-Foto ist süß. Aber ich brauche keine 80 Stück in einem Monat, mit denen mir unter die Nase gerieben wird, wie perfekt sie sind. Ich hätte gern mal ein paar Streitfotos, das wäre doch mal interessant.

2. Gestellte Momentaufnahmen

Den Move kennt ihr alle, und auch ich habe ihn schon gebracht! Man guckt nicht in die Kamera, sondern lässig zur Seite, weil das irgendwie viel cooler aussieht. Oder runter ... oh Gott. In 1000 Jahren werden sich die Menschen, die unsere Fotos finden, fragen: WONACH HABEN DIE ALLE VERDAMMT NOCH MAL GESUCHT?
Viele Influencer shooten Fotos an den tollsten Orten der Welt. Aber habt ihr schon mal drüber nachgedacht, dass da Stunden fürs perfekte Bild draufgehen können? Wir müssen definitiv lernen, mehr im Moment zu sein und das Handy einfach mal zur Seite zu legen.

3. Frühstück-im-Bett-Fotos

In erster Linie bin ich wegen des Essens neidisch auf alle Fotos dieser Art, und in zweiter denk ich mir jedes Mal: HÄÄÄÄÄ? Du sitzt in einem weißen Bett mit weißen Laken und hast 100 Dinge aufm Bett, die Flecken machen könnten! Wäschst du so gerne Wäsche? Ich hasse es nämlich. Setz dich an den Tisch. Und was ist eigentlich mit den ganzen Krümeln, nachdem du ein noch warmes Croissant im Bett gemampft hast?

4. Zu krass bearbeitete Fotos

Es ist völlig normal, keine Poren zu haben. Es ist völlig okay, dass die Tür im Hintergrund verbogen ist, und ich dachte, du hast braune Augen, aber diese leuchtend blauen sind irgendwie auch cool. Häääää? Ich finde es bis zu einem gewissen Grad okay, seine Fotos aufzuhübschen. Wir alle gehören leider zur Generation Filter. AABBBER, auch hier wird manchmal die Hackfresse zur Porzellanschönheit. Und das geht nicht klar.

Mir wird übrigens auch schlecht, wenn ich merke, dass bestimmte Leute keine einzige Story mehr ohne Filter hochladen. Am allerschlimmsten finde ich persönlich ja diesen Köterfilter. Was soll das? Wenn du ein Hund sein willst, dann scheiß bitte draußen und nicht auf meiner Timeline.

5. Die Hand

Okay Leute, ich verstehe total, dass wir Hände haben und sie auch benutzen. Aber ich verstehe nicht, wie es passieren konnte, dass die Hand manchmal das Gesicht ersetzt. Wer es noch nicht gerafft hat: Ich meine diese Bilder, auf denen Menschen die Hand vor ihr Face halten.

Sorry, aber – was??? Wenn du dein Gesicht nicht gut genug fürs Foto findest, dreh es halt weg. Oder noch viel einfacher: MACH EINFACH KEIN FOTO. Wenn man keine Brüste hat, trägt man auch keinen BH. Also macht man, wenn man sein Gesicht nicht zeigen will, auch kein Foto.

Schärft eure Sinne, Babes. Viele versuchen, etwas zu sein, was sie manchmal gar nicht sind. Es entstehen komische Bildsituationen, und weil du damit den ganzen Tag konfrontiert wirst, vergisst du irgendwann zu hinterfragen, was das eigentlich alles soll.

Ich sag es gerne wieder: In einer Welt voller feinem Trüffel-schaum, der bei genauem Hinsehen auch nur aufgeschla-gene Sahne mit irgendeinem Pilz ist, sei lieber eine ehrliche Bockwurst. Man erkennt direkt, was du bist, willst und wofür du stehst.

Und falls du Vegetarier oder Veganer bist, dann bist du halt eine fleischlose Wurst. Höhö.

#notperfect

Born to be real, not perfect

Ich rede ja die ganze Zeit davon, dass alle auf Instagram einen auf perfekt machen. Deswegen habe ich jetzt riesige Lust, mal ein bisschen über Unperfektheit (ist das überhaupt ein Wort?) zu reden.

Weil alles um uns so verdammt flawless inszeniert wird, konditioniert man unsere Köpfe auch irgendwie darauf, das toll zu finden. Dabei sind kleine Macken und Dinge, die uns eben nicht perfekt machen, superinteressant.

Was an mir nicht perfekt ist

Darum möchte ich dir gern mal erzählen, wieso ich nicht perfekt bin.

Ich fang mal mit dem Offensichtlichen an. Meinem Aussehen! Ich bin total zufrieden mit mir, aber natürlich gibt es Dinge, die gefallen mir irgendwie nicht so gut. Aber ich habe gelernt, dass sie zu mir gehören, und bin deswegen cool damit.

Ich bin cool damit, dass meine Zähne so klein sind, dass ich beim Lachen aussehe wie ein Pony! Voll viele Menschen mögen schließlich Pferde, oder?

Ich bin cool damit, dass ich ab und zu noch schiele. Besonders wenn ich müde bin, rutscht mein Auge nämlich weg. Das verschafft mir einen ganz anderen Blickwinkel auf die Welt, haha.

Und dann noch meine Füße. Die sind platter als jedes Blatt Papier. Als ich einem Arzt mal meine Füße zeigte, meinte er nur ganz trocken: »Oh.« Mein Freund sagt, meine Füße sehen aus wie Pfannkuchen. Ich sag mal so, mit denen habe ich halt einen festeren Stand aufm Boden, und mich wirft nichts so schnell aus der Bahn.

Ich habe Dehnungsstreifen an meinem Po. Aber dafür ist er schön rund.

Ich habe einen kleinen Hagelschaden an Beinen und Po, und das hat fast jede andere Frau auch, also: So what?

Für mich waren meine Haare übrigens auch mal so eine Sache, die ich an mir nicht so mochte, aber das gehört schon länger der Geschichte an. Heute sind die nämlich mein Markenzeichen, und das find ich super.

Also sind das eigentlich fast alles Sachen, die nur ich selbst wahrnehme und dann auch noch in 200-facher Intensität.

Kommen wir zu meinen Charaktereigenschaften, die nicht so cool sind. Glaub mir, ich arbeite daran, aber ich habe das meiste, denk ich, einfach geerbt.

Was ich am wenigsten an mir leiden kann, ist meine Dickköpfigkeit. Oh mein Gott. Ich bin wirklich immer bereit, zu reden und zu diskutieren, aber wenn ich mich verletzt fühle, mutiere ich zu einem ignoranten Kackmonster. Ich habe kein Problem damit, bei einem Streit einfach stur wochenlang nichts mehr von mir hören zu lassen. Denn zu der doofen sturen Eigenart, die ich habe, bin ich auch noch unfassbar nachtragend. Ich hasse das so. Aber ich habe noch keinen Weg gefunden, wie ich das abschalten kann.

Meine Schwester ist übrigens das komplette Gegenteil. Das bewundere ich an ihr. Sie ist der unnachtragendste Mensch im Leben. Mann, wir schlagen uns gegenseitig fast die Köpfe ein, sie verlässt heulend den Raum und kommt nach fünf Minuten wieder und fragt, was wir heute anziehen sollen, wenn wir was unternehmen! Ich wäre gerne auch so. Aber ich habe ein inneres Archiv, das alles über Menschen sammelt, die mich verletzt haben. Ich vergesse nichts und krame es auch gern wieder raus. Dumm und unnötig. Vor allem weil ich ja auch nicht so behandelt werden möchte, wenn ich mal etwas verkackt habe. Es gibt Menschen, die ich jahrelang kannte und zu denen ich den Kontakt komplett abgebrochen habe, weil sie in meinen Augen einen großen Fehler bei mir begangen haben. Konsequent. Aber manchmal denke ich, ich sollte mal klarkommen und mich zusammenreißen.

Mein Freund versucht mir übrigens immer noch beizubringen, bei einem Streit nicht immer direkt dichtzumachen, sondern Dinge einfach sofort auszusprechen und auszudiskutieren. Und er hat recht. Wenn man Dinge sofort klärt, verliert man einfach so viel weniger Zeit und gewinnt dafür mehr schöne Momente. Außerdem sind Versöhnungen auch immer toll. Wenn einem dann der Stein vom Herzen fällt und man endlich wieder normal zueinander sein kann.

Mit meiner Mama streite ich mich übrigens zum Beispiel so gut wie nie. Mit meiner Schwester dafür umso öfter. Und auch bei meiner besten Freundin kann ich mich an keinen wirklichen Streit erinnern.
Ich habe auch gar nicht so viele Punkte, über die ich mich mit Menschen streiten kann. Wir kriegen Streit, wenn du unzuverlässig bist. Ich lege krassen Wert darauf, dass Verabredungen eingehalten oder angemessen abgesagt werden. Wenn mich jemand auf eine dumme Art und Weise versetzt, bin ich beleidigt.
Wenn du unloyal bist, kriegen wir Streit. Also, solltest du hinter meinem Rücken schlecht über mich reden, werde ich sauer. Und wenn ich merke, man lügt mir ins Gesicht, brennt der Baum ... aber lichterloh.

Ansonsten bin ich aber ganz gechillt. Und eine Heulsuse. Das bin ich auch. Es ist so nervig. Ich heule, wenn etwas emotional ist, ich heule, wenn jemand anderes heult, ich heule, wenn ich mich ganz doll freue, wenn ich zu doll lachen muss und natürlich wenn ich traurig bin. Aber auch, wenn ich sauer bin. Ich habe einfach einen Flüssigkeitsüberschuss im Körper. Ich glaub ohne Witz, dass ich in meinem früheren Leben ein Springbrunnen war.

Und eine Müllhalde war ich auch. Denn in meinem Leben ist irgendwie alles schon sehr ordentlich und geordnet, aber gleichzeitig bin ich bei genauerem Hinsehen eine Chaos Queen.

Oberflächlich betrachtet sieht meine Wohnung eigentlich immer aufgeräumt aus, aber du darfst niemals in Schränke und Schubladen schauen. Wow. Ich weiß auch nicht, was das soll. Ich schaffe es, alles so wirken zu lassen, als wäre ich übelst sauber, aber eigentlich bin ich eine Sau. Hat meine Mama übrigens auch immer auf meinen Fernseher im Kinderzimmer geschrieben, wenn er mal wieder unendlich verstaubt war. »SAU!«

Ich bunkere Taschentücher in und unter meinem Bett, als hätte eine ganze Nation Schnupfen gehabt. Ich bin halt Allergiker. Wenn nix bei mir läuft, läuft wenigstens meine Nase, ich sag's dir.

Und ich fang besser nicht von meinen Klamotten an. Ich räume den Schrank auf, am nächsten Tag suche ich ein Top, und alles ist für immer wieder unordentlich. Ich verstehe diese Menschen nicht, die ihren Kleiderschrank sortiert halten können. Ihr seid Hexen!

Das sind also so ein paar Sachen, deren ich mir bewusst bin, die ich aber vermutlich nie mehr wirklich ändern werde. Ich bin nicht perfekt und ich weiß, dass es auch sonst keiner da draußen ist.

Ich glaube, es ist wichtig, ab und zu in den Spiegel zu schau-en und sich einzugestehen, woran man noch arbeiten muss. Es einfach zu verdrängen bringt nämlich nichts. Außerdem macht es auch wieder etwas mit deinem Selbstbewusstsein. Denn wenn irgendein Honk versucht, dich wegen eines Ma-kels von dir unterzubuttern, ist dir das scheißegal, weil du es ja schon längst weißt.

Sei also ehrlich mit dir und arbeite an Dingen, die dich stören, sodass du zur besten Version deiner selbst werden kannst.

#dasproblem

Hier mein Problem: »Influencer«
BUCH ENDE :D

Nein, also mal im Ernst. Ich habe generell kein Problem mit Influencern, aber ich hab eins mit denen, die nichts anderes tun, als sich und ihr ganzes Leben perfekt zu inszenieren. Ich halte das einfach für ungesund. Ungesund für uns als »Normalsterbliche«, ohne Yacht, ohne den heißesten Designershit.
Hast du schon mal darüber nachgedacht, dass in deinen vermeintlichen Onlinesuperstars mit dem perfekten Leben eine noch unsicherere Seele steckt, als du sie vielleicht hast? Warum? Weil die Diskrepanz zwischen ihrem realen Leben und dem Schein, den sie in die Social-Media-Welt projizieren, zu groß wird. Und zwar nicht materiell, sondern EMOTIONAL. Das ist, als wolltest du über eine Klippe auf die andere Seite hopsen. Du siehst zwar, wie schön es auf der anderen Seite ist, aber es ist keine Brücke da. Also springst du und findest dich in einem tiefen Loch anstatt auf der bright side of life wieder.
Wie viele große YouTuber oder Social-Media-Persönlichkeiten in den letzten Jahren bekannt gegeben haben, dass sie depressiv sind oder missverstanden wurden, lässt definitiv die Alarmglocken läuten!

Manchmal frage ich mich: Wozu mache ich das? Wird mich irgendwer vermissen, wenn ich nichts mehr poste? Vermutlich haben mich die sozialen Medien nach einem Jahr vergessen. Denn täglich werden allein auf YouTube etwa 300 000 Videos hochgeladen und neue Meinungsmacher geboren, als wäre »Influencer sein« im Sale bei H&M. Teenies wünschen sich nicht mehr, Feuerwehrmann, Polizist oder Prinzessin zu werden. Sie wollen plötzlich alle influencen. Aber, und das ist die Krux an der Sache, nicht um zu influencen/Meinungsmacher/-träger zu sein ... näääääää, sondern wegen des Fames.

Mit einer gewissen Reichweite kann man tatsächlich Dinge in der Welt bewegen oder zumindest auf sie aufmerksam machen. Umweltbewusstsein schaffen, auf gesellschaftliche Missstände hinweisen und eine Menge Menschen für wichtige Themen sensibilisieren. Viele denken nicht darüber nach, wie viel man mit Reichweite anfangen kann, wenn man sie richtig nutzt. Aber das ist vielen Teenies auch egal. Sie sehen nur den Ruhm. Selbstbestätigung.

Fame ist das neue Ed Hardy (Werbung, wegen Glitzerkotze). Infobox: Für alle, die für diesen Witz zu jung sind. Ed Hardy war eine Designermarke, die es plötzlich zu erschwinglichen Preisen gab. Alle, und damit meine ich wirklich ALLE Menschen besaßen irgendwas davon, was diese Marke eher zu Trash statt zu etwas Besonderem machte. Und hässlich war der Scheiß auch noch. Ich hatte Schuhe und ein T-Shirt. Ich war schwach.

Denn Fame bedeutet, laut einer Instagram-Umfrage, die ich mit euch gemacht habe, zuallererst mal:

Aber eine sehr häufige Antwort war auch:

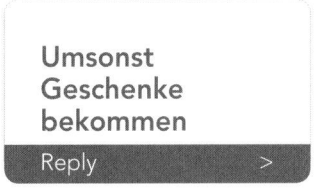

Umsonst Geschenke bekommen

Reply >

Und das ist das, was die Menschen sehen. GESCHENKE!
Zu viel Geld für zu wenig Leistung. Ich lese oft im Zusammen-
hang mit dem Wort »Influencer«: »Was können die eigentlich?
Die wissen nicht, wie man richtig arbeitet.«
Das Problem an dieser Stelle ist, dass viele die Aufgaben
eines Influencers unterschätzen. Sowohl einige Influencer
selbst als auch alle anderen. Auch wenn man es überhaupt
nicht möchte, beeinflusst man mit fast allem, was man hochlädt, Menschen. Und sich dessen bewusst zu sein ist eine Rie-
senaufgabe.

Sich eine Onlinepräsenz und ein Publikum aufzubauen, ist eine
sehr große Leistung. Diese Leute bei Laune zu halten und wö-
chentlich oder sogar täglich neue kreative Inhalte zu produzieren ist unfassbar viel Arbeit. 24/7 verfügbar zu sein ist für viele
Arbeitnehmer unvorstellbar. Als Influencer gehst du halt nicht
um 17 Uhr nach Hause und die Arbeit ist getan. Sobald man
sein Smartphone in die Hand nimmt, beginnt der Spaß. Jedes Foto, jede Story, die hochgeladen wird, ist Teil der Arbeit.
Auch wenn manchmal alles so locker aussieht, steckt superviel
Aufwand dahinter. Seinen Zuschauern jeden Tag etwas Neues, Spannendes bieten, Videos, Fotos, Storys zu produzieren,
Nachrichten zu beantworten und die Community zu pflegen
gehört einfach dazu. Das eigene Leben wird zum Instrument.
Und das passiert halt rund um die Uhr.

Ein guter Onlinecreator leistet einiges, und ich habe es satt, dass die Mehrheit der Gesellschaft das einfach nicht sehen will.

Ein weiteres Problem an der ganzen Sache liegt aber in den beeinflussbaren Gedanken der jungen Menschen. Ich habe auf Instagram gefragt, ob Social Media euch in Bezug auf euer eigenes Leben verunsichert.
Dabei stimmten 22 551 Menschen für JA und nur 6672 Menschen für NEIN, was mich erschreckt, aber nicht überrascht hat. Momentan folgen mir 87 Prozent Frauen und nur 13 Prozent Männer. Meine Hauptzielgruppe ist zwischen 18 und 34 Jahre alt. Dass ich Weibercontent mache, ist kein Geheimnis. Es schauen also überwiegend junge, aber meist erwachsene Frauen zu, die im besten Fall schon im Leben stehen. Umso trauriger ist es, dass genau diese gestandenen Frauen so durch Social-Media-Inhalte verunsichert werden können.
Ich glaube, es schauen nur wenige Männer zu, weil sie sich halt mit meinem Quatsch weniger identifizieren können.
Und ich bin ehrlich gesagt auch sicher, dass mindestens 10 Prozent von den insgesamt 13 Prozent Männern meine Boys aus der Gay Community sind. Und ich liebe es. Wir ziehen also gemeinsam in den Kampf gegen Fuckboys und Selbstzweifel und kommen hoffentlich stärker raus als vorher.

Trotzdem hat mich interessiert, was genau uns an perfekten Profilen verunsichert. Ich habe euch gefragt.

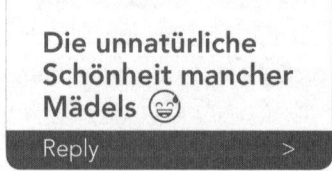

Ich rede mir ein, alle Frauen sind so perfekte durchtrainierte erfolgreiche Wesen ohne Fehler

Reply >

Dass diese Personen (scheinbar) keine Probleme haben und ausnahmslos glücklich sind 🥴

Reply >

Meine Figur

Reply >

Nichts

Reply >

Mein eigener Körper 👇👇🙁

Reply >

Muss ich auch so sein?

Reply >

Dass die Welt nur noch Fake ist

Reply >

Ich finde mich dann zu dick

Reply >

Man geht auf Fehlersuche bei demjenigen weil die menschheit einem nichts gönnt

Reply >

insgesamt diese perfektheit, finde dadurch immer mehr makel an mir und vergleiche

Reply >

Dass ich iwie zu unbegabt bin und nie so gute Fotos bzw Posen hinbekomme 😭😂🖤

Reply >

Nichts mehr 😊 durch dich habe ich gelernt mich zu respektieren wie ich bin

Reply >

Dass man selbst nicht gut genug ist

Reply >

Mein Aussehen, Selbstbewusstsein

Reply >

Dass meines hässlich ist und ich dann so: ICH BRAUCH EIN HÜBSCHES!! AHAHAH 🖤

Reply >

Ich denke dann immer, ob ich zu blöd bin, mein Leben auf die Reihe zu bekommen. Bin 32 und Mutter

Reply >

Machen die Konkurrenz zu meinen fav stars? 😂😠

Reply >

Im Großen und Ganzen greift Social Media unser Selbstempfinden an, weil wir dazu animiert werden, uns mit dem, was wir sehen, zu vergleichen. Man beginnt sein Leben in Frage zu stellen. Ich habe auch solche Momente, glaub mir. Besonders zur Anfangszeit von Instagram. Ich bin so vielen offenbar wunderschönen, »perfekten« Menschen gefolgt, bis ich gemerkt habe, dass mich das auf eine Art beeinflusst, die mir nicht gefällt.

Ich habe mir diese Seiten reingezogen und mein Dasein daneben gesehen. Was irgendwie so schien, als wäre mein Leben im Gegensatz zu deren ein Katastrophengebiet. Wieso ist bei denen immer die Wohnung so sauber, und wieso haben die jeden Tag ein neues Outfit an? Ich habe zwar auch einen Schrank voller Klamotten, aber irgendwie zieh ich doch immer denselben Scheiß an. Und wieso haben die keine Pickel und sind ständig im Urlaub? Ich möchte auch fancy mancy Essen haben, aber ich sitz hier und fresse meine Maultaschen mit Brühe und hab mir eben schon wieder die Schnüss verbrannt, weil ich es hasse zu warten, bis das Essen abgekühlt ist. Du verstehst, worauf ich hinauswill.

> Manchmal verletzt uns diese fremde Person irgendwie. Das liegt dann aber meistens nicht am Influencer, sondern an unserem schwachen Selbst. Deswegen gucken so viele Menschen übrigens total gerne das berühmt-berüchtigte »Asi-TV«. Einfach weil man es sieht und sich danach überlegener fühlt. Finde ich übrigens genauso »ekelhaft«.
> Wir müssen also daran arbeiten, wie wir in diesem Perfektionstornado ein Häuschen für unsere Seele bauen, das nicht umgeworfen werden kann.

#unfollow

Außer mir, mir musst du
für immer folgen :D

Hast du dich schon mal gefragt, was dir diese ganze Social-Media-Sache bringt?! Hast du schon mal analysiert, wem du folgst und warum? Mir ist es wichtig, mich mit Dingen zu umgeben, die mich froh machen, die mir Mehrwert bieten.

In meiner Follow-Liste findest du viele Food-Seiten (denn nichts macht mich glücklicher als essen) und Menschen, die mich inspirieren.

Liebe dich selbst, aber mach 'nen Filter drüber

Die Social-Media-Landschaft befindet sich im ständigen Wandel, und alle, die sich intensiv damit auseinandersetzen, versuchen sich rund um die Uhr den neuen Trends anzupassen. Gestern waren es Bilder mit Lichterketten, heute schreiben plötzlich alle ganze Tagebucheinträge unter ihre Fotos, und morgen werden alle so tun, als wollten sie dir Natürlichkeit und Selbstliebe vermitteln. Nicht weil sie es wirklich verkörpern, sondern weil es gerade Trend ist.

Was ich sagen will: Instagram ist voller unauthentischer »Mit-dem-Strom-Schwimmer«, vergleichbar mit einem wunderschönen, frischen, bunten Blumenstrauß, der sich bei genauem Hinsehen aber als ein Bouquet aus Kunstpflanzen und Pissnelken entpuppt.

Das Problem dabei ist, dass viele sich blenden lassen. Blenden von der Schönheit mit den perfekten Zähnen und den wallenden Haaren, die erzählt, sie habe lange gebraucht, um sich zu lieben. Dass sie aber ihre Lippen aufgespritzt hat, Extensions trägt und für viel Geld einen Tee bewirbt, der zum Abnehmen so nützlich ist wie eine Gabel für eine Suppe, erzählt sie nicht. Und die Sprüche unter ihren Fotos hat sie von Pinterest geklaut. Hört sich halt cool an! Aber was Selbstliebe eigentlich bedeutet, das weiß sie nicht.

Diese Accounts versuchen dir zu suggerieren, den Menschen, die dahinterstecken, gehe es super, sie lieben sich und sind nie traurig, laden aber trotzdem ausschließlich perfekt inszenierte Fotos hoch. Alles Bullshit!

Ich habe jedes Mal Angst davor, inwiefern sich ein junger Mensch davon beeinflussen lassen wird. Alle, die eine Onlinepräsenz haben und Menschen erreichen, müssen sich dringend dessen bewusst werden, dass sie Menschen beeinflussen, ob sie wollen oder nicht.

Ich selbst verabscheue den Terminus »Influencer«, nicht nur weil er wie eine Krankheit klingt, sondern vor allem weil sich tatsächlich jeder so nennt, aber sich dann nicht bewusst ist, dass man Einfluss auf Menschen hat, egal, was man online hochlädt. Und genau dieser Einfluss kann natürlich nicht nur megapositiv, sondern auch negativ sein.

Ich spiele zum Beispiel auf diese ganze Werbung an, wo euch Menschen mit großer Reichweite erzählen, man solle zum Abnehmen irgendwelche Pillen schlucken. Wenn ich so was sehe, kannst du zum Takt meiner Halsschlagader Jumpstyle tanzen. Das macht mich wütend und traurig.

Folge nur dem guten Gefühl

Ich denke nicht, dass jedes Posting eines Influencers bedeutungsschwanger sein muss. Aber eine gesunde Balance aus Scheiße und bewussten Inhalten würde ich ziemlich fancy finden.

Darum musst du als Endkonsument selektieren! Machst du ja sonst im Leben auch, oder? Ich meine, du isst doch nichts, nur weil es schön aussieht? Du willst, wenn du reinbeißt, dass es schmeckt! Das ist viel wichtiger. Und genauso ist's mit Influencern. Folge denen, die dir beim Reinbeißen schmecken (#nocannibal). Was auch immer sie dir geben mögen: Inspiration, Motivation, Entertainment! Alles legitime Gründe. Aber sobald du anfängst, mit einem schlechten Gefühl aus der Sache rauszugehen:
UNFOLLOW.

Oft kannst du nicht so schnell erkennen, wer dir ein schlechtes Gefühl gibt. Manchmal versteckt sich die Emotion unter einer Panade aus anderen Eindrücken.

Zum Beispiel guckst du dir total gern einen bestimmten Feed an, weil du ihn einfach schön findest. Das ist auch völlig okay. Du bewunderst das Leben dieser Person. Aber irgendwann driften deine Gedanken ab in Richtung: »Sie hat so ein tolles Leben, und ich muss jeden Tag im langweiligen Büro arbeiten.« Das ist eine Alarmglocke. Sobald du anfängst, wegen des Feeds dein eigenes Leben und dessen Struktur infrage zu stellen, ist etwas komisch.

Genauso mit diversen Fitnessseiten. Grundsätzlich kann es eine supergeile Motivation für dich sein. Aber wenn's irgendwann zu »Ich bin dick, ich werde niemals dünn« wird, ist's nicht mehr gut, dass du dir das anschaust. Nur glotzen und nichts bei sich selbst verändern ist halt auch nicht ganz förderlich.

Ich schaue mir zum Beispiel auch total gern Profile von schönen Frauen an. Einfach um mir Inspiration zu holen. Für Outfits
oder Frisuren zum Beispiel. Aber das berührt nie mein tiefes
Inneres.

Sobald du dir ein Profil immer wieder ansiehst und tief in
dir Gedanken laut werden wie »Sie ist viel hübscher als ich«,
wird's kritisch. Du musst dich beschützen.
Du hast bei solchen Gedanken zwei Möglichkeiten! Entweder du kappst die Verbindung oder du lernst umzudenken!
Wenn du jemanden mit einem geileren Leben oder einer
besseren Figur siehst, kann es dich dazu motivieren, dein
eigenes Leben umzukrempeln. Das musst du für dich entscheiden! Aber entscheide weise. (Hier stelle ich mir eine
epische Musik vor, die diesen bedeutungsschwangeren Satz
untermalt.)
ENTSCHEIDE WEISE!!
Aber mich darfst du nicht entfolgen.
Hihi.

#confidence

Denn wenn du dich nicht feierst,
feiert dich auch sonst keiner
(Jetzt wird et 'n bisschen ernster …)

Eines der wohl wichtigsten Themen, mit denen ich mich in den Jahren, seit ich Social Media mache, beschäftige, ist Selbstliebe. Denn für mich ist genau das das Stichwort zum persönlichen Glück oder der Schlüssel, um im Onlinedschungel zu überleben, ohne sich selbst zu verlieren. Ich glaube, die wohl häufigste Frage, die mir gestellt wird, ist: »Wie bist du so selbstbewusst geworden?«
Dazu muss ich etwas ausholen:

Meine Familie

Die wohl größte Rolle in meiner Entwicklung spielt meine Mama. Sie ist alles. Und deswegen braucht sie unbedingt einen eigenen Absatz. Auch damit sie wieder auf der Arbeit erzählen kann: »Ich bin auch FAMOUS.« (Kein Ding, Mama.) Wir waren die meiste Zeit zu zweit. Allein. Ohne Mann. Sie hatte viele Jobs, und ich habe früh gelernt, selbstständig zu sein. Sie hat mir alle Liebe gegeben, die ich brauchte. Ein Vater hat mir niemals gefehlt. Auch weil er angemessen durch alle anderen Familienmitglieder ersetzt wurde.

Ich werde superoft gefragt, was denn mit meinem Vater ist und wieso man ihn nie in meinen Storys oder Videos sieht.

Diese Frage kann ich ganz schnell beantworten: Er ist und war nie da!

Mein Vater kommt aus Amerika. Ja, es ist die typische »Soldat trifft schöne Frau«-Story. Als ich geboren wurde, lebte er mit meiner Mutter zusammen und verließ kurz darauf das Land, weil er eben zurückmusste. Aus unterschiedlichen Gründen entschied meine Mama sich aber für ein Leben in Deutschland, und somit schwand auch der Kontakt zu meinem Vater stark, bis er schließlich ziemlich früh in meinem Leben komplett verstummte. Natürlich gab es immer mal wieder Männer, die meine Mama bezirzen wollten und versucht haben, ein neuer Dad für mich zu werden. Aber ohne Erfolg. Mein Herz blieb für immer verschlossen. Auch der Vater meiner Schwester konnte nichts daran ändern. Und auch nicht der Mann, den meine Mama geheiratet hat. Kein Platz für neue Männer in meinem Herzen.

Aber ich bin ehrlich mit dir, ich habe in meinem Leben sehr selten daran denken müssen, wie es wohl mit Vater gelaufen wäre. Und eigentlich interessiert es mich nicht. Meine Patentante, und beste Freundin meiner Mutter, nahm nämlich die Rolle des Ersatzpapas ein. Ihr glaubt nicht, wie witzig die Gesichter von Menschen sind, wenn ich meine Tante als meinen Vater vorstelle ... wir lieben es! Mein Papa des Herzens (also meine Patentante), ist der glitzrigste, schillerndste Sonnenschein in meinem Leben. Ich denke, manchmal verhalte ich mich wie eine Prinzessin, weil sie mich so verhätschelt hat. Ich fühlte mich also in jungen Jahren schon wie die Queen.

Kurz nebenbei: Ich glaube, als Kind fand ich es ziemlich geil, die Sonne zu sein, um die alle kreisen. Ich habe meiner Tante zum Beispiel jeden Morgen die Pille gebracht, damit sie ja kein anderes Kind bekommt, um das sie sich kümmern muss. Gerissen, und ein bisschen lustig.

Auf der anderen Seite, nämlich wenn ich mit meiner Mama zusammen war, lernte ich früh Verantwortung und dass man für Fleiß belohnt wird. Sie ist wahrlich die stärkste Frau, die ich kenne. Sie zieht alles durch, was sie will. Sie gab mir Freiheit, wenn ich sie brauchte, und sie war da, wenn es mir schlecht ging. Ich weiß noch, wie meine Mama einmal mit mir geweint hat, als ich Liebeskummer hatte. Da ging's mir ganz schnell wieder gut, weil Mama weinen zu sehen viel schlimmer war als die Trennung von irgendeinem Klappspaten.

Eine Erfahrung, die uns außerdem noch stärker gemacht hat, war, als sie vor ein paar Jahren an Krebs erkrankte. Ich sag's direkt: Wir haben dieser Krankheit so in den Arsch getreten, dass sie sich nie mehr trauen wird wiederzukommen.
Es war die krasseste emotionale Achterbahnfahrt, die ich jemals durchmachen musste. Es war der dunkelste Punkt in meinem Leben. Ich habe doch nur sie. Und plötzlich schien sie verletzlich. Unsere Rollen verschoben sich, und ich wurde der Aufpasser, obwohl ich es eigentlich viel mehr mag, wenn auf mich aufgepasst wird. Ich will dem hier gar nicht so eine Riesenplattform geben, aber was wir und vor allem sie durchgemacht hat, ist wirklich unfassbar. Ich habe monatelang geweint, ich bin jede Nacht schreiend wach geworden. Ich hatte das Gefühl, es schwebt eine Regenwolke über mir. Doch, und das ist das, was mich echt gestärkt hat, ich habe versucht, es ihr nicht zu zeigen. Wir haben gemeinsam daran gearbeitet, unsere Gedanken aufzuräumen und neu zu lenken. Wir haben sie vertrieben, die Regenwolken, und sind mit unserer Seele an einen Ort gezogen, wo es fast keinen Regen mehr geben soll.

Mama und ich denken heute, dass das alles so passieren musste. Auch wenn es erst mal komisch klingt. Das Leben schmeißt
dir manchmal Aufgaben hin, die du bewältigen musst, damit
du nachher dort landen kannst, wo du hinsolltest.

Also danke, dass wir diese Aufgabe bekommen und gemeis-
tert haben. Und wir würden es auch immer wieder schaffen.

Die Bindung zu meiner Mama ist also eine überdurchschnittlich starke. Ich würde jederzeit alles für sie tun. Sogar mein Essen teilen.

Außerdem hat sie mir beigebracht, wie wichtig es ist, offen
für alles zu sein. Offen für unterschiedliche Kulturen, Länder,
Menschen oder Verhaltensweisen. Hey, und dabei ist sie ganz
nebenbei auch noch die schönste Frau auf der Welt. (Wenn
du jetzt an deine Mama denken musst, schreib ihr, dass du sie
liebst.) Sie hat mir gezeigt, dass Frauen sich alles holen können, was sie wollen, und dass wir dazu keinen Mann brauchen.

Außer meinem Opi, den brauche ich wirklich. Denn von ihm
habe ich definitiv den Humor und die Kameraaffinität geerbt.
Seit ich denken kann, hat er uns nämlich filmisch bei allen Urlauben begleitet. Ich sag euch, wäre mein Opa etwas später
geboren, wäre er jetzt der Heftigste im Internetgame.

Er sagt zwar immer über mich, dass meine Oma mich bestimmt
vom Wickeltisch hat fallen lassen, als ich klein war, weil ich jetzt
so bekloppt bin, aber ich denke, er liebt mich! Er ist mindestens genauso verhaltenskreativ wie ich. Ich habe bestimmt ein
Drittel meiner Kindheit bei meinen Großeltern verbracht. Zum
Einschlafen gab's dann auch immer eine Gutenachtgeschich-
te. Aber keine aus einem langweiligen Buch, sondern Opa hat
regelmäßig eigene Storys erfunden.

Meine liebste handelte von der Prinzessin auf der Erbse. Klingt
ganz klassisch. Aber in Opas Story ging der Prinz erst mal zu
Aldi, um eine Dose Erbsen zu kaufen. Da diese aber leider aus-

verkauft waren, musste der Prinz dann Bohnen nehmen. Jetzt wird alles ein bisschen verschwommen. Aber ich weiß noch, dass er die Prinzessin nur finden konnte, weil sie auch Bohnen gegessen hatte. Und ihr kennt bestimmt den bekannten Spruch: »Jedes Böhnchen gibt ein Tönchen.«
Na ja ... ich glaube, der Prinz wurde am Ende von der Prinzessin mit einem Pups »abgeknallt«.
Danke, Opa. Gute Nacht.

Und dann ist da noch mein kleiner runder Moonpie, meine Schwester. Sie hat einen Kopf, der so rund ist wie ein Mond. Ich liebe es. Sie ist ganze 10 Jahre jünger als ich. Und ich sag euch, es ist nicht einfach, denn ich liebe sie so unendlich doll, aber gleichzeitig hasse ich ihre pubertierende cooli-mooli Art. Seit sie ein Teenager ist, verstehe ich, wieso einige Tiere ihre Jungen fressen. Aber ich würde sie niemals fressen, glaub ich (#nocannibal).
Ich bin eine überbeschützende Schwester und gar nicht so cool, wie manche vielleicht denken. Ich bin sehr streng mit ihr. Besonders in Bezug auf ihre Zukunft. Denn wenn wir mal ehrlich sind, war sie, glaub ich, grad auf dem Klo, als der liebe Gott Ehrgeiz verteilt hat.
Sie ist auch ein großer Grund dafür, dass meine Onlinepräsenz genau diese Form annahm, die sie jetzt hat. Ich wollte sie schützen vor aufgespritzten Lippen, vor Selbstzweifeln, vor Gedankenverdrehung und dem Eindruck, dass man sich nur mit materiellen Dingen gut positionieren kann.
Ich habe ein bisschen verkackt, denn sie ist trotzdem ein kleiner Markenjunkie geworden. Übrigens ganz im Gegensatz zu mir. Ich liebe Secondhandklamotten und freue mich über jedes Teil, das unter 15 Euro kostet. Wenn eine Hose 40 Euro kostet, muss ich schon viermal überlegen, ob ich sie kaufe. Das habe ich übrigens von meiner Mami.

Um jetzt aber den Bogen zu schlagen, ist es mir in den Grundsätzen gelungen, meiner Schwester sehr früh klarzumachen, dass sie schön ist, wie sie ist, und das dieser ganze Onlinequatsch nicht immer echt ist.

Mittlerweile ist sie mindestens genauso bescheuert wie der Rest meiner Familie. Ab und zu zeige ich ihre Dance-Eskapaden auf Instagram, und am liebsten würde ich das jeden Tag sehen. Ich sag euch, wenn man meiner Schwester einen Euro anbietet, macht sie fast alles.

Den letzten Lachanfall wegen ihr hatte ich, als sie einem Typen hinterherrief: »EYYY, DU SIEHST GUT AUS!« Er drehte sich um und sagte völlig cool und lässig: »Oh, danke.« Man hat ihm angesehen, wie das sein Ego gestreichelt hat. Doch meine Schwester rief dann weiter: »ICH MEINTE NICHT DICH!« Und schneller, als ich »Cordon bleu« sagen konnte, war sein selbstbewusstes, etwas zu arrogantes Lächeln verschwunden. Für solche Aktionen feier ich sie so ab.

Weniger feier ich sie dafür, dass sie mich und meine Familie oft mal belügt. Ich wünsche mir, dass sie zu einer verantwortungsbewussten, tollen Frau heranwächst, die erreicht, was sie sich vornimmt, und erfolgreich und glücklich leben wird. Und dabei möchte ich sie für immer unterstützen, denn sie ist mein kleiner Stern.

Kurzer Appell:

Chanel,

(so heißt sie wirklich, weiß auch nicht, was da mit Mama los war) ich liebe dich und wünsche mir nur, dass du mir immer die Wahrheit sagst! Jetzt, wo es die Welt weiß, bist du eh gebumst, höhö.

Ciao. I love you.

Deine dich immer unterstützende und auf dich aufpassende und dich bloßstellende Schwester.

Ich glaube, die Art, wie ich aufgewachsen bin, war die best-möglichste für mich. Mein Umfeld ist sehr temperamentvoll, es gibt viele Diskussionen in der Familie, viel Trubel, aber auch Platz für neue Denkweisen.

Meine Tanten, also die Schwestern meiner Mutter, waren dabei schon immer ein sehr außergewöhnlicher Faktor. Die beiden sind, gelinde gesagt, die verhaltenskreativsten Menschen, die mir jemals begegnet sind. Ich denke, von ihnen kommen meine doch ziemlich präsente Eloquenz und Kreativität. Im Sekundentakt wurden Worte, Geschichten und neue Identitäten mit lustigen Namen erfunden, die ich bis heute niemals vergessen werde. Die Füße meiner Tante hatten zum Beispiel Namen, Lisa und Martin. Lisa war der böse Fuß, der mich immer geärgert hat, und Martin war der liebe Fuß. Klingt 'n bisschen verstörend. Vielleicht hasse ich deswegen heute Füße, haha. Von dieser Tante habe ich den Denkanstoß bekommen, darauf zu achten, wie ich meine Gedanken in meinem Kopf verfasse. Dieses Thema lässt mich bis heute nicht los, und ich lerne jeden Tag, wie ich meine Gedanken so kontrollieren kann, dass sie positive Auswirkungen auf mein Leben haben. Na ja – auch wenn die eine mich regelmäßig dazu zwang, ihre Füße zu krabbeln, und die andere mich mit einer Pfanne jagte, weil ich den angebrannten Bacon darin nicht essen wollte, prägten sie mich extremst. Generell wurde mein Urvertrauen in mich und meine Fähigkeiten von meiner Familie und meinen besten Freunden gestärkt. Und das ist, kompakt gesagt, für mich mein erster Schlüssel zu meinem heutigen Selbstbewusstsein.

Aber die Familie wird einem einfach gegeben. Nicht immer hat man das Glück, in ein gutes Umfeld geboren worden zu sein. Aber jetzt kommt der geile Scheiß: Du kannst in deinem sonstigen Umfeld einiges dafür tun, dass es dir und deiner Seele gut geht. Hier kommen meine wichtigsten Tipps dafür.

Tipp 1: Aufräumen (nicht dein Zimmer, sondern dein Umfeld)

Umgib dich mit Menschen, die dir guttun

Es gibt Menschen, die geben dir Energie, und es gibt Menschen, die nehmen dir welche. Letztere sind sogenannte Energiefresser. Ich würde dir raten, dich schnellstens von dieser Art von Verbindung zu lösen. Dabei geht es besonders um Menschen in deinem privaten, geschützten Raum. Mein engster Freundeskreis hat sich in den letzten Jahren stark verkleinert. Nicht weil ich antisozial bin, sondern weil ich PRO ICH bin.

Ich möchte mir keine Zeit mehr für Personen nehmen, die mich ausbeuten oder mit denen ich mich nicht wohl fühle. Um dich gut zu fühlen, brauchst du Energien, die dich beflügeln, hochziehen und inspirieren. Damit meine ich nicht, dass jede Begegnung mit einem Menschen supergehaltvoll sein muss. Manchmal mampfen wir ja auch ungesunde Scheiße, weil wir Bock drauf haben, aber insgesamt sollten wir darauf achten, was wir konsumieren. Eben auch bei sozialen Kontakten!

Um dich mit den richtigen Leckerchen zu umgeben, musst du also aufmerksam dein Umfeld betrachten. Wer ist gut für mich und wer nicht? Hier ein paar Tipps, die ich selbst anwende.

So erkennst du einen Energiefresser

1. Es geht meist nur um ihn/sie und seine/ihre Gefühle.
Hierbei geht es um Ego-Menschen, die den Klang ihrer eigenen Stimme mehr lieben als alles andere. Das sind genau die Klappspaten, die keine Luft lassen, um mal zu fragen, wie es dir eigentlich geht. Gespräche mit dieser Kackspezies verlaufen eher einseitig und erinnern dich an Monologe aus einem langweiligen Theaterstück. Wenn du mal etwas über dich erzählst,

münzen sie alles auf sich um. Ich hatte Bekanntschaften, denen habe ich mein ganzes Herz ausgeschüttet. Aber dann kam als Reaktion oft folgender Satz, bei dem deine Alarmglocken angehen sollten: »ALSO, BEI MIR IST DAS JA SO ...«

2. Du tust viel für die Person, aber es kommt kaum etwas zurück.

Es ist so scheiße, wenn du dir für jemanden den Popo aufreißt, aber wenn du mal Hilfe brauchst, musst du betteln oder die Person hat nie Zeit.

Es gab da mal jemanden, für den hab ich mir den Arsch aufgerissen. Dinge organisiert, Sachen bezahlt, wirklich geholfen, wo ich nur konnte. Als ich dann mal darum gebeten habe, ob diese Person mir beim Umzug helfen könnte, hatte sie irgendwie keine Zeit. Solche Situationen waren mit diesem Menschen keine Seltenheit. Irgendwann muss man realisieren: Put your Mittelfinger in the air und trenne dich von dieser Art Energieräuber.

3. Er/sie meckert nur. Alles ist negativ und schlecht.

Jeder Mensch darf natürlich mal schlechte Laune haben und sich über Dinge beschweren. Im besten Fall wird dann gemeinsam mit dir nach einer Lösung für die Probleme gesucht. Ratschläge werden eingeholt. Aber wenn sich jemand konstant beschwert und nichts an seiner Situation ändert oder anfängt zu handeln, raubt er dir nur deine wertvolle Energie. Das ist, wie wenn du Hunger hast, dein Magen lauter knurrt als die Drachen von Khaleesi und du trotzdem nichts isst. Reine Energieverschwendung. Weg damit!

4. Missgunst

Du merkst immer wieder, dass diese Person dir nichts so richtig gönnt. Sie freut sich nicht ehrlich für dich, wenn du Erfolge feierst oder was Cooles erlebt hast. Vielleicht verspürst du auch einen Anklang von Neid bei dieser Person. Das ist ein Warn zeichen. Mein bestes Beispiel dafür ist meine Onlinepräsenz. Anfangs braucht man natürlich Support, wo es nur geht. Meine engen Freunde und meine Familie haben auf all ihren Face-book-Seiten meinen Scheiß geteilt und mich unterstützt, wo sie nur konnten. Doch dann gab es auch Freunde, bei denen mir auffiel, dass sie mich gar nicht unterstützen wollten. Das hat mich ehrlich gesagt verletzt, mir aber auch die Augen geöffnet. Wenn ein Freund oder eine Freundin von mir mit irgendwas an den Start geht, bin ich Supporter Number 1. ENDE, AUS. Ist das nicht der Fall, muss man noch mal über die Beziehung nachdenken.

5. Machtspielchen

Diese Person findet es lustig, dich oder andere niederzuma-chen. Ich hatte echt Menschen in meinem Umfeld, bei denen ich das Gefühl hatte, Lästern und gemein sein macht denen Spaß. Das zeugt von einem ziemlich mickrigen Selbstwertge-fühl. Lass solche Menschen los.

6. Erpresser-Menschen

Diese Art von Energiefresser setzt dich oft emotional unter Druck: »Wenn du mir nicht hilfst, ist es deine Schuld, wenn es mir schlecht geht.« Er macht dir ein schlechtes Gewissen.
Dazu kannst du aber guten Gewissens CIAOOOO sagen. Ich glaube, wir alle mutieren phasenweise mal zum Energiefresser. Das ist okay, denn nobody's perfect. Aber wenn eins oder meh-rere dieser Dinge überhandnehmen, musst du dir Gedanken machen.

Dennoch solltest du aber auch tolerant mit deinem Umfeld sein und regelmäßig deine zwischenmenschlichen Beziehungen reflektieren. Eine Bindung zu einem Menschen zu lösen, den man schon lange kennt, ist schwer. Natürlich solltest du immer zuerst das Gespräch suchen und deinem Gegenüber genügend Zeit lassen, sein eventuelles Fehlverhalten zu reflektieren und zu ändern. So was passiert natürlich nicht von heute auf morgen.

Wenn du aber gefangen bist mit Menschen, deren Energie nach Kack riecht, wie z. B. auf der Arbeit oder in der Schule, solltest du einfach versuchen, die Konfrontation auf ein Minimum zu reduzieren. Gib aber trotzdem unbedingt immer Kontra. Sprich aus, was dich stört. Denn wir wollen nicht noch zusätzlich eklige Schwingung produzieren, indem wir z. B. anfangen zu lästern.

Generell ist Glück kein Zufall, sondern etwas, was du dir jeden Tag gezielt aneignen und trainieren kannst. Komm, du faules Schwein, wenn du schon nicht zum Sport gehst, lass uns wenigstens trainieren, wie wir happy sein können.

Tipp 2: Finde eine Arbeit, die dich glücklich macht

Ich weiß zwar nicht, in welcher Lebensphase du dich gerade befindest, aber es ist nie zu spät, etwas zu machen, wofür dein Herz schlägt. Natürlich im Rahmen deiner Möglichkeiten.

Ich liebe ja den Spruch »Make your passion your paycheck«. Der beste Job, den du haben kannst, ist einer, der mit deiner Leidenschaft verknüpft ist. Eigentlich müsste ich dann in einem Schlaflabor meine Schlafskills anbieten. Aber zum Glück habe ich noch andere Leidenschaften außer Schlafen und Essen.

Was ich also damit sagen will, ist, dass du dir einen Job suchen sollst, der dich erfüllt. Du sollst gefordert und gefördert werden. Und dafür kannst du in deinem Leben einiges tun.

Ich kenne eine Frau, die mit 44 Jahren ihren Job bei einem Lebensmittelladen gekündigt hat, um ihren Schulabschluss zu erweitern und dann Psychologie zu studieren.

Ich weiß, der Rubel muss rollen, die Knete muss stimmen und das Moos muss wachsen. Aber jeder materielle Luxus ist nicht so wichtig wie deine Grundzufriedenheit.

Manchmal muss man dafür auch richtig durch die Scheiße gehen. Ich hatte zeitweise neben meinem Studium noch drei Jobs. War scheiße. Ich habe jeden Tag Pommes gegessen. Und hätte ohne meinen Studienkredit nicht mal meine Stromrechnung bezahlen können. Aber am Ende hat es sich gelohnt. Fleiß zahlt sich immer aus!

Bilde dich nebenbei weiter. Informiere dich, welche Möglichkeiten du hast. Und ich hoffe, du landest in einem Beruf, für den du grundsätzlich gern aufstehst. Du bist dann auf der Arbeit schon gut drauf und nicht erst, wenn du Feierabend hast.

Ein guter Arbeitsplatz muss auch nicht immer bedeuten, dass du lockere Arbeit machst, für die du megakrank bezahlt wirst. Sondern dabei geht's auch um softe Faktoren wie z. B. das Team, mit dem du zusammenarbeitest.

Der tollste Punkt an meinem Job beim Fernsehen sind definitiv meine Kollegen. Ich liebe die! Wenn wir zusammen sind, ist meistens gute Stimmung, alle haben Visionen für ihr Leben und sind kreativ, und wir motivieren uns jeden Tag gegenseitig. Selbst wenn wir 11 Stunden durchgearbeitet haben, sitzen wir danach noch Stunden zusammen, um zu reden und rumzualbern. Und genau das ist der Spirit, den ich brauche, um richtig gute Arbeit abzuliefern.

> Überleg dir, was dir wichtig ist bei einem Job. Und suche dir dann das passende Umfeld. Und wenn du dafür ein bisschen suchen musst, ist das auch kein Ding.

Tipp 3: Sei frei und selbstständig

Egal, ob Single oder in einer Beziehung. Egal, ob Großfamilie oder WG. Eine Sache, die du deinem Umfeld und dir schnell klarmachen musst, ist, dass du Freiheiten brauchst. Der Mensch ist glücklicher, wenn er das Gefühl hat, frei in seinen Entscheidungen zu sein. Lass dich nicht kontinuierlich fremdbestimmen, sondern mach, wonach dir der Sinn steht.

Nimm dir Zeit für dich. Gestalte deine Freizeit gehaltvoll und hock nicht nur am Handy.

Ich kenne zum Beispiel Pärchen, die machen nichts mehr getrennt und existieren nur noch als eine große, fette, nervige »WIR-WOLKE«. Kennt ihr das, wenn solche Leute auch nur noch im Plural über sich reden? »Wir mögen Grillen nicht so gern«, »Wir lieben es, spazieren zu gehen« …

GET A LIFE. Und zwar ein eigenes.

> Nimm dir auch mal Raum für dich und kümmere dich um deine eignen Interessen. Ich halte es für wichtig, auch mal alleine Dinge zu machen und zu unternehmen. Vor allem ist es gut, wenn du nicht immer auf jemand anderen angewiesen bist. Glaub mir, im Notfall packst du auch alles alleine.

Tipp 4: Sei gesund

Die Überschrift spricht schon für sich, oder?
Wenn du gesund bist, ist auch deine Seele glücklicher und du hast ein besseres Grundgefühl.

Also achte auf dich und behandle dich gut. Konsumiere nicht zu viel Scheiße, beweg dich und lass dich regelmäßig checken.

freunde

Denn sie sind die Familie, die
du dir aussuchen kannst

Auch meine Freunde spielen in meinem Leben eine große Rolle. Ich hatte übrigens noch nie viele. Mir fällt es schwer, neue Menschen in meinen vertrauten Kreis aufzunehmen, besonders nachdem ich in diese Social-Media-Welt katapultiert wurde. Die Menschen, die ich am meisten liebe, kann man echt an einer Hand abzählen, und es sind fast alles Frauen.
Mein Freundeskreis beinhaltet Mädels, die total extrovertiert und frech sind, welche, die superbodenständig und rational sind, und welche, die genauso kreativ sind wie ich. Ein guter Mix eben.

Wie ich schon ein paarmal erwähnt habe, bin ich generell ein Mensch, der supergerne Zeit alleine verbringt. Zu Aktivitäten müssen mich meine Freunde eigentlich regelrecht zwingen. Ich würde irgendwie immer einen entspannten Tag in meiner Wohnung, wo ich mir selbst was Tolles koche, vorziehen, als zum Beispiel feiern zu gehen.
Sobald ich die Verabredung angenommen habe, ist es für mich Stress. Ich weiß nicht, wieso. Aber sobald meine Mädels dann bei mir sind, ist es wunderbar.
Trotzdem struggle ich damit. »Dich erreicht man ja schlechter als den Papst« ist so ein Standardsatz, der mir öfter mal um die Ohren fliegt. Das Ding ist, ich stecke fest in meinem Film. Viele meiner Girls können sich nicht genau vorstellen, was es bedeutet, beruflich selbstständig zu sein. Man ist konstant

damit beschäftigt, sein Leben zu regeln, und vor allem mit dem ganzen Trubel, der momentan um mich herrscht, habe ich kaum Zeit für Privates. Ich gehe nicht um 18 Uhr aus dem Büro nach Hause und habe Feierabend. Ich habe kein Wochenende. Ich arbeite, sobald ich mein Handy in die Hand nehme. Ich bin ständig auf der Suche nach Ideen, ich kreiere Content, ich lasse Menschen an meinem Leben teilhaben, ich verdiene Geld, ich regle alles im Hintergrund. Ich könnte Stunden so weitermachen.

Ich bin so dankbar dafür, dass ich das machen darf, aber darunter leiden momentan leider meine freundschaftlichen Beziehungen.

Des Öfteren bin ich nun auch auf Unverständnis deswegen gestoßen. Das hat mich sehr traurig gemacht. So traurig, dass sich Freundschaften, die schon Jahre bestanden haben, nun auseinandergelebt haben. Ich bin mittlerweile der Ansicht, dass Menschen, die mich in ihrem Leben haben wollen, entweder diesen Weg mit mir gehen und somit alles, was damit einhergeht, akzeptieren, oder eben nicht. Ich rotiere konstant, und mein Kopf steckt meistens in der Arbeit

Umso dankbarer bin ich für alle in meinem Leben, die akzeptieren, dass ich mich nicht 100-mal in der Woche per WhatsApp melde. Ich bin dankbar, dass sie verstehen, dass ich, wenn ich mal frei habe, lieber mal alleine bin, um durchzuatmen, statt mich zu verabreden.

Ich bin mir sicher, Freundschaft lässt sich nicht daran messen, wie oft man sich sieht oder voneinander hört. Es sind tiefe Bindungen, die auch mal eine längere Zeit aushalten sollten. Dafür ist jede Begegnung supergehaltvoll und wertvoll.

Ich bin immer da, wenn ich gebraucht werde. Und werde das auch immer sein. Und genauso sind meine Freunde auch immer für mich da. Ich weiß genau, wo ich Zuflucht finde, wenn ich welche brauche. Wir bauen uns auf, hören uns zu und haben immer unendlich viel Spaß. Liebe.

Neue Freundschaften schließe ich kaum. Also sorry an alle, die mir immer schreiben: »Ich wünschte, wir wären Freunde.« Ich fühle mich geschmeichelt, aber ich lasse kaum jemanden wirklich an mich ran.

Die letzte Truppe, die ich in mein Herz schloss, sind meine Arbeitskollegen vom Fernsehen. Wir hängen immer eine Woche am Stück zusammen, wenn wir arbeiten. Wir tauschen uns aus, sind füreinander da, wenn's uns schlecht geht, und feiern uns gemeinsam, wenn es uns gut geht. Wir sind irgendwie wie ein Rudel. Und ich habe so viel Liebe für die.

Ich glaube auch, dass es nicht wichtig ist, dass man sich mega lang kennt, es ist die Energie, die passen muss. Die Energie meiner Arbeitskollegen ist eine schöne. Ich bin umgeben von Menschen mit Visionen für ihr Leben. Alle haben ihren kleinen Masterplan in der Tasche, sind kreative Köpfe und superinspirierend. Ich habe mit ihnen noch nie ein langweiliges Gespräch geführt. Okay, wir kommen dann vielleicht manchmal dabei raus, ob es Aliens gibt und ob sie uns gerade beobachten, aber genau das ist es, was ich brauche. Wahnsinn und Firlefanz, dann fühl ich mich wohl.

Freunde sind unendlich wichtig. Aber du brauchst sie definitiv nicht wie Sand am Meer. Wenn du einen bis fünf Menschen an deiner Seite hast, die mit dir durch jede Scheiße gehen, wenn's sein muss, auch barfuß (bäh), dann brauchst du sonst nix mehr. Nicht alle Menschen, denen man begegnet, sind Freunde fürs Leben. Manche sind auch einfach nur Wegbegleiter. Sie gehen ein Stückchen deines Lebensweges mit dir und biegen irgendwann woanders ab. Das war bei mir zum Beispiel vor allem mit Menschen aus der Schule so.

Halte deinen Kreis einfach klein und dir kann nichts passieren. Ihr gegen den Rest der Welt.

Neben den echten Freunden, die einen jahrelang begleiten, gibt es vor allem in der Onlinewelt Verbindungen, die entstehen einfach, weil man sich im selben Kosmos befindet. Ich sag dir gleich, da herrscht Konkurrenz des Todes. Die meisten gönnen einander nichts, und das habe ich schon ein paarmal mitbekommen. Da gibt es zum Beispiel die Influencer, die immer auf Friends machen. Sie posten gemeinsame Storys und Fotos. Man hat das Gefühl, sie müssen die tollsten Freunde der Welt sein. Aber wenn's dann um Jobs geht, gibt's Streit. Ergattert die eine einen tollen Job, die andere aber nicht, wird gehated.
Bei den meisten Verbindungen geht es um die eigene Bereicherung, und genau dafür verabscheue ich diese Welt.

Ich hab's schon ein paarmal versucht, mich privat in echt mit Menschen aus dem Social-Media-Life zu treffen. Und bis jetzt waren wirklich nur ein, zwei Begegnungen wirklich wertvoll.
Ich habe mich mit Menschen getroffen, die wirklich dann auch kein anderes Thema mehr hatten als ihre Klickzahlen, ihre neuen Videos, ihre Kommentare … Ich sag mal, wie es ist, es fuckt mich ab!
Ich beschäftige mich jeden Tag mit genau diesen Themen. Wenn ich versuche, eine Freundschaft aufzubauen, will ich andere Dinge wissen: Wie geht's dir? Was sind deine größten Träume? Wo willst du hin? Was macht dich aus?
Mir ist so scheißegal, ob dein letztes Video besser ankam als das neue. Ich möchte nicht unser ganzes Treffen in meine Insta-Story packen. Am besten wird auch erst mal gar nichts gepostet.

Man weiß genau, welcher Wind weht, wenn die Person 90 Prozent der Zeit ihr Handy in der Hand hält und mehr da reinlabert, als im echten Geschehen zu sein.

Es war mal jemand sauer auf mich, weil ich sie nicht in meiner Instagram-Story markiert habe. Aus Prinzip habe ich die ganze Story gelöscht und mich nie mehr mit diesem Menschen getroffen. Lächerlich, ehrlich! Sind alle nur noch gestört?

Hätten wir in den 90ern den Menschen erzählt, dass wir alle mal süchtig nach einem Telefon werden und verlernen, uns richtig zu unterhalten, hätten sie uns ausgelacht. Krank ...

Menschen tun so, als würden sie einen »feiern«, nur um ein Stück vom Kuchen abzubekommen. Das kann sein, um Follower abzugreifen, neue Kooperationen zu generieren oder auf exklusive Events zu kommen. Jemanden einfach so mal freiwillig unterstützen, das passiert sowieso fast nie. Ich habe das Gefühl, alle haben Angst, dass sie untergehen, wenn man mal jemand anderem ein kleines Plätzchen an der Sonne einräumt. Ich raff es nicht.

Und genau deswegen supporte ich jeden, den ich entdecke und toll finde. Und zwar ohne zu erwarten, dafür etwas zurückzubekommen. Das macht das Karma schon.

Wieso sollte ich nicht offen zugeben, dass jemand anders megageile Videos macht, supertalentiert oder schön ist?! Meinen eigenen Wert kann das doch nicht mindern, sondern nur steigern. Nett sein ist das neue cool! Dieses Rumgebitche kann ich nicht ertragen.

Und dadurch, dass ich regelmäßig neue tolle Leute entdecke und mit meiner Community teile, haben wir alle doch mehr coolen Content.

Ich bin froh, dass ich ein paar Menschen über Social Media kennenlernen durfte, die kein Game spielen, sondern genau wie ich einfach Bock haben, auf der kreativen Welle mitzuschwimmen und zu gucken, was passiert. Ohne Intrigen.

Das lässt sich übrigens auch super aufs echte Leben übertragen. Wenn du die Arbeit von jemandem feierst, sag's ihm doch einfach mal. Das bringt nur positive Sachen mit sich.

Fake Friends

Und Achtung, mein kleiner Pflaumenkuchen mit Zimt und Zucker, gib acht vor sogenannten Fake Friends. Du musst dich schützen. Ich habe ja schon ausführlich erzählt, dass du dich unbedingt nur mit Menschen umgeben solltest, die dir guttun. Abgesehen von Familie und Arbeitskollegen musst du da natürlich ein besonderes Augenmerk auf deine Freunde legen. Das sind eben genau die Menschen, mit denen du am meisten Zeit im Leben verbringst. Deswegen pass unbedingt auf. Deine Freunde sollten für dich da sein, wenn du weinst, und nicht der Grund dafür sein, dass du weinst.

Es gibt leider keine Zauberformel, um zu erkennen, wer dir wehtun wird und wer nicht, aber du hast die Macht, darüber zu entscheiden, wen du im Leben behalten willst und wen nicht.
Ich gebe dir noch ein paar schnelle Tipps, wie du Fake Friends erkennst:

1. Geben und Nehmen
Gute Beziehungen bestehen aus einer gesunden Balance aus Geben und Nehmen. Wenn du das Gefühl hast, dein vermeintlicher Freund kommt nur zu dir, wenn er was braucht, stimmt etwas nicht.

Du kannst übrigens ganz leicht testen, ob jemand dein echter Freund ist: Bitte ihn doch mal um einen Gefallen. Tut er ihn dir gerne und ohne zu zögern oder passt es leider gerade gar nicht?
Daran kannst du superschnell erkennen, ob derjenige ein guter oder ein Fake Friend ist.

2. Nur du meldest dich

Wenn du das Gefühl hast, du bist der Einzige in der Freundschaft, der sich mal meldet, könnte das auch auf einen Fake Friend hinweisen. Du schreibst ständig und möchtest was unternehmen, aber es kommt erst Tage später oder niemals etwas zurück? Spar dir deine Energie, Baby, und scheiß auf das Klabusterbärchen. Du verdienst Aufmerksamkeit und Respekt!

3. Mehr Drama als Unterstützung

Drama gehört auf die Bühne, nicht in eine Freundschaft. Wenn ihr euch öfter streitet, als euch zu unterstützen und eine gute Zeit zu haben, ist es eventuell eine Fake-Freundschaft.
Aus einer gesunden Freundschaft schöpft man Kraft. Natürlich streitet man sich ab und zu mal, das ist total normal. Aber wenn es mehr Krach als Liebe gibt, solltest du dein Gegenüber mal genauer unter die Lupe nehmen. Drama kann übrigens auch bedeuten, dass dein »Freund« dich regelmäßig in Situationen zwingt, in denen du dich schlecht fühlst. Lästern über andere spielt da zum Beispiel eine große Rolle. Jemand, der die ganze Zeit nur über andere hetzt, ist nicht gut für dich. Vor allem weil diese Menschen meistens auch über dich lästern, sobald du dich umdrehst. Ich denke nicht, dass es sich lohnt, so jemanden um sich zu haben.
Wenn es um Unterstützung geht, geht's um deine Ziele und Träume. Ein echter Freund steht hinter dir und hilft dir, wo

er kann. Außerdem sagt er dir klar ins Gesicht, wenn du mal Scheiße gebaut hast. Die richtige Balance ist dabei alles.

4. Es geht nie um dich
Höre genau hin, ob besagter Freund schon mal ernsthaft daran interessiert war, wie es dir geht. Hört er dir zu, wenn du ihm von deinen Problemen erzählst?
Falls nicht, ist das ein schlechtes Zeichen. Solche Menschen setzen dich außerdem oft unter Druck: »Wenn du das nicht für mich machst, bin ich sauer.«
Versuch dich schnell aus so einer Verbindung zu lösen.

5. Sie entschuldigen sich nie
Es ist eine komische Freundschaft, wenn dein Gegenüber es nicht schafft, bei Fehlverhalten über seinem Ego zu stehen. Fake Friends denken, sie haben immer recht, und ihnen tut kein Fehler leid. Auf so ein unreflektiertes Boot voller Scheiße solltest du auf keinen Fall aufspringen.
Tolle Frauen und Männer können ihre Fehler einsehen und sie mit dir diskutieren, um am Ende stärker rauszukommen.

6. Sie stehen nicht für dich ein
Fake Friends halten nicht zu dir. In Situationen, wo sie zu dir halten sollten, halten sie den Mund oder stehen auf der Seite von jemand anderem. Das ist ein ganz klares Zeichen, dass du ihn/sie loswerden musst. Wer im Sturm nicht bei dir ist, hat es auch nicht verdient, im Sonnenschein mit dir zu tanzen.

7. Sie machen dich vor anderen nieder
Wenn ihr gemeinsam mit einer Gruppe unterwegs seid, redet dein »Freund« schlecht über dich oder macht dich die ganze Zeit mit blöden Witzen runter.

Das passiert, damit er/sie bei den anderen besser ankommen kann, und ist ziemlich schwach. So was solltest du dir nicht gefallen lassen.

8. Sie lassen dich sitzen, wenn was Besseres in Aussicht ist

Ihr seid eigentlich zu einem chilligen Abend verabredet. Doch kurz bevor dein »Freund« zu dir kommt, sagt er ab, weil er z. B. doch lieber auf eine coole Party gehen will. Wenn er dich dann noch nicht mal fragt, ob du mitkommen willst, ist das ein klares Zeichen dafür, dass du nur benutzt wirst.

Denn sobald sich eine coolere Option ergibt, ist dein Fake Friend schneller weg, als du »Bohneneintopf« sagen kannst.

9. Sie verraten deine Geheimnisse weiter

In einer guten Freundschaft weiß man so ziemlich alles voneinander. Vor allem tauscht man sich über Geheimnisse aus, die niemand anderen etwas angehen. Solltest du aber herausfinden, dass dein »Freund« dein Vertrauen missbraucht und Geheimnisse einfach weitererzählt hat, ist er ein Fake Friend: Real situations reveal fake people.

Das Leben ist wie eine Bahnfahrt. (Ich hoffe, nicht mit der Deutschen Bahn, denn sonst kommst du zu allen coolen Events in deinem Leben zu spät.) Dein Leben ist ein Zug. Auf der Reise steigen jeden Tag neue Menschen ein, um dich zu begleiten. Aber es steigen auch viele nach einer bestimmten Zeit wieder aus. Und natürlich gibt's welche, und das ist das Schöne, die die komplette Fahrt bei dir bleiben. Du brauchst also keine Angst davor zu haben, wenn mal jemand aussteigt oder aussteigen muss. Es kommen immer neue Menschen.

Es tut weh, wenn man jemanden gehen lassen muss. Ich habe schon viele Freunde gehen lassen, besonders nachdem ich angefangen habe zu studieren. Neue Umgebung, neue Stadt.

Klar hatte man sich vorgenommen, alle alten Freundschaften aus der Schulzeit aufrechtzuerhalten. Aber irgendwie schafft man es dann doch nicht. Vielleicht, weil alle in andere Richtungen gezogen sind, oder einfach, weil man akzeptieren muss, dass manche Menschen lediglich ein Stück deines Lebens da waren und nun in eine andere Richtung gehen.

Bei Menschen, von denen du dich aktiv trennen musst, ist's leider nicht so einfach. Das kann ein richtiger pain in the ass sein. Aber da kommst du durch.
Vergewissere dich unbedingt bei deinen echten Freunden, was sie von der Person halten. Mit ihnen kannst du dann auch besprechen, wie du weiter vorgehst, wenn du dich von jemandem lösen willst. Am elegantesten ist es, keinen fetten Streit zu provozieren, sondern lass den Kontakt einfach nach und nach einschlafen. Schreib keine Nachrichten mehr, ruf nicht mehr an, kommentiere keine Postings dieser Person. Meistens merkt die andere Person es nicht mal, weil sie selbst so wenig in die Freundschaft investiert hat. Begegne der Person trotzdem mit Respekt und sei nett, denn du bist nicht so ein asozialer Emotionskrüppel wie sie. Wenn sie dich aber doch konfrontiert, sei vorbereitet.
Dabei gibt's mehrere Möglichkeiten: Entweder du bist superehrlich und sagst, weswegen du diese Freundschaft so nicht mehr führen willst, oder du bedienst dich einer Notlüge. Ich bin ja immer für die Wahrheit, aber manchmal ist man nicht bereit, einen Streit auszutragen, den es definitiv geben wird, wenn du ehrlich bist. Eine Notlüge wäre zum Beispiel, dass du zurzeit zu beschäftigt bist.
Aber noch mal, sei lieber einfach ehrlich. Du erwartest schließlich auch, dass alle zu dir aufrichtig sind. Und wenn du dann die kleine Explosion ertragen hast, sind die Fronten geklärt, und der Fake Friend weiß, dass er so was mit dir nicht anstellen kann.

Der beste Tipp ist: Lebe dein Leben einfach weiter. Triff dich mit Menschen, mit denen du dich toll fühlst, und du wirst sehen, dass nicht die Anzahl der Freunde wichtig ist, sondern die Qualität der Freundschaften.

Und eins solltest du noch wissen:

Du verlierst niemals Freunde, du lernst nur, welche die richtigen sind.

#selflove

Wenn wir darüber reden, wie man selbstbewusst wird, ist das Thema Selbstliebe unumgehbar. Oft wird Selbstliebe mit Egoismus verwechselt. Aber diese beiden Dinge haben nichts miteinander zu tun. Selbstliebe bedeutet, sich selbst anzunehmen und zu akzeptieren. Eben ein Bewusstsein für sich selbst zu haben. Wir verlieren zeitweise die Verbindung zu uns, weil wir uns zu sehr darauf konzentrieren, was die anderen von uns halten. Besonders die zahlreichen perfekten Postings in den Medien verschleiern unsere Sicht auf uns selbst, verrücken Ideale und verzerren Realitäten.

Wann hast du das letzte Mal darauf geachtet, wie du mit dir selbst umgehst? Und dabei spiele ich nun besonders auf einen Aspekt an: Wie redest du eigentlich mit dir selbst? Wir labern den ganzen Tag mit Menschen und achten darauf, was wir sagen und wie wir es sagen, aber hast du schon mal ganz genau hingehört, wie du so den ganzen Tag zu dir selbst sprichst?

Ich komme immer noch nicht drauf klar, wie viele Menschen ihren Körper trainieren, aber wie wenige ihre Gedanken. Tu mir einen Gefallen und schreibe mal eine Woche lang auf, welche Gedanken du hast, wenn's um dich geht.

Die meisten werden vermutlich wirklich erschrecken, wie gemein wir zu uns selbst sein können. Wir Menschen denken circa 60 000 Gedanken täglich. Davon sollen laut einer Studie angeblich nur ca. 3 000 aufbauend sein. Knapp 70 Prozent von ihnen sind negativ. Hilfe!!! Du wäschst dich doch auch jeden Tag, oder?! Dann achte doch auch auf eine gute Hygiene in deinem Inneren. Deine Gedanken bestimmen dein Handeln und das wiederum dein Verhalten, und dein Verhalten gestaltet letztendlich dein Leben.

Du kannst das negative Denken verändern und somit auch deine Beziehung zu dir selbst. Arbeite daran, eine positive Grundhaltung zu bekommen. Ich sag dir ehrlich, das klingt einfacher, als es ist. Ich bin noch mitten im Prozess, meine Gedanken aufzuräumen. Ich lass dich gern mal in meinen Kopf gucken. Sachen, die ich zu mir selbst in Gedanken gesagt habe, waren zum Beispiel:

Wäre ich mit mir selbst befreundet, wäre das keine besonders gute Freundschaft. Dabei steht für ein gutes Selbstbild an erster Stelle, mit sich selbst ins Reine zu kommen und sich zu lieben. Du merkst bestimmt schon, ich bin komplett auf dem »Gedankending« hängen geblieben. Aber es hat mir tatsächlich so sehr geholfen, dass ich es unbedingt mir dir teilen will. Also pass auf:

Zuerst kannst du versuchen deine negativen Gedanken vor allem in Bezug auf dich selbst loszuwerden. Vorab solltest du wissen, dass es keine Faustregel zum Gedankenglück gibt. Jeder Mensch ist anders, und für jeden funktioniert es auch unterschiedlich. Aber ich hoffe, meine Art, die Dinge anzugehen, kann dich inspirieren. Also, ich mach das so:
Meine erste Faustregel zu sauberen und netteren Gedanken war das Motto:

»Fake it till you make it«

Das bedeutet ganz easy gesagt: Du redest dir ab heute jeden Tag ein, dass du der heftigste Motherfucker auf dem verdammten Planeten bist. Du wirst dir sagen, dass du auf der Arbeit den besten Job von allen machst. Du wirst dir sagen, dass du wunderschön bist, und du wirst dir sagen, dass du alles haben kannst, was du willst.
Und um genau das in deinen Gedanken zu manifestieren, sagst du es laut.
JEDEN MORGEN vor dem Spiegel. Ich hab immer so was gesagt wie:
»ICH BIN ERFOLGREICH, ICH SEHE HAMMER AUS, UND ICH WERDE GELIEBT!«
Wenn du dich komisch dabei fühlst, während du das laut aussprichst, tust du genau das Richtige. Du brauchst nichts mehr als die Bestätigung von dir selbst. Und wenn du dir diesen Satz erst mal nicht glaubst, musst du daran arbeiten, dass du irgendwann dastehst und denkst: »JA, MANN, genau das trifft auf mich zu!« Auch wenn es sich bestimmt in

den ersten Tagen anfühlen wird, als wärst du völlig irre, wird es dir helfen.

Und das Geile ist, irgendwann glaubst du dir diesen Scheiß. Die Überzeugung wird sich in deinem Verhalten widerspiegeln, und du wirst anders auf andere wirken. Sicherer. Bewusster. Motivierter.

Next step. (Keiner hat gesagt, dass das hier ein Zuckerschlecken wird, Amigo.)

Führe eine »Erfolgsliste«

Wir besinnen uns viel zu selten darauf, was wir alles können oder erreicht haben. Erinnere dich mal an deine Schulzeit, oder vielleicht steckst du ja auch noch drin. Du bekommst deine Klassenarbeit zurück, und dein Lehrer hat Folgendes getan: DEINE FEHLER MARKIERT. Am besten noch in Rot. Dein Fokus liegt also schon seit Jahren darauf, was du falsch gemacht hast, statt darauf, was du in dieser Arbeit vielleicht alles richtig gemacht hast. Dieses Muster zieht sich oft in der Arbeitswelt oder auch im privaten Alltag durch. Ich habe sowieso das Gefühl, dass zu viele Menschen lieber pessimistisch sind. Es ist halt einfacher zu sagen: »Wenn meine Erwartungen nicht so hoch sind, können sie auch nicht enttäuscht werden.«

Aber wie sangen Deichkind einst: »DENKEN SIE GROSS! WAS ZWEIFELN SIE SO? ÜBERNEHMEN SIE DIE SHOW!« Und ohhh, verdammt ja! Das ist der Schlüssel. Wir müssen uns nicht klein machen, sondern groß! Wir sollten also versuchen, unseren Fokus zu verschieben. Ich find's viel fresher, mich darauf zu besinnen, was ich alles erreicht habe, als auf das, was nicht geklappt hat.

Sehe Fehler nicht als Scheitern, sondern als Chance, dich zu entwickeln, etwas daraus zu lernen oder in Zukunft zu verändern. Schreibe jeden Tag drei Dinge auf, die du erreicht hast. Das müssen nicht immer exorbitante Dinge wie die Eroberung von Westeros sein, sondern da gehen auch kleine Sachen wie: »Heute hab ich ein neues Rezept gekocht, und es hat megageil geschmeckt«, »Die neue Aufgabe auf der Arbeit habe ich richtig gut gelöst«, »Ich habe meiner Nachbarin beim Tragen ihrer Einkaufstaschen geholfen«, »Auch wenn ich tollpatschig bin, hab ich es geschafft, heute nicht aufs Maul zu fliegen«.

Meine Erfolge

Cheer you up!

Male dir die Welt, wie sie dir gefällt

Eine Erweiterung dieser Methode ist es, auch noch aufzuschreiben, wo du hinwillst, und dabei gibt's kein Limit.

Ich mache das ein- bis zweimal im Jahr. Dabei schreibe ich mir ganz genau, und ich meine wirklich GANZ GENAU auf, was ich erreichen will. Es soll wie ein Film vor deinem geistigen Auge ablaufen können, du sollst es am besten riechen, schmecken und hören können. So genau sollte diese Liste sein.

Abgesehen von ganz viel Essen habe ich mir z. B. 2017 aufgeschrieben:

»Die Videos, die ich produziere, helfen vielen Menschen. Ich bekomme liebe Nachrichten, die mich motivieren. Ich erreiche viele. Außerdem bewerbe ich mich für den Webvideopreis, und egal, gegen wen ich antrete, ich werde ihn gewinnen, und meine Mama wird ganz stolz sein.«

Ende 2018 habe ich den Webvideopreis gewonnen! Obwohl ich 2017 noch nicht mal wusste, ob ich es überhaupt unter die Nominierten schaffe. Bis ich in meinen Gedanken manifestiert habe, dass ich das will, war es unerreichbar. Aber ich hab's geschafft. Einfach weil ich mir selbst gesagt habe, dass ich das kann, wenn ich das will. Das war sozusagen mein erster Test, und seitdem glaub ich richtig doll dran. Ich habe mir noch weitere Dinge vorgenommen, die sich auch alle nach und nach erfüllt haben. Eins davon hältst du gerade in deinen Händen!

»01.01.2018: Ich schreibe ein Buch.«

Wenn du es aufschreibst, wirst du anders dafür kämpfen. Du wirst mehr Vertrauen in dich selbst haben, wenn du siehst, dass Dinge funktionieren. Und genau damit wirst du noch mehr tolle Sachen in dein Leben ziehen Jaja, ich weiß. Ich kling wie so eine Spirituelle. Ich glaub, das bin ich irgendwie auch. Nächster Tipp.

Gib auch mal Kontra

Im Optimalfall solltest du böse Dinge, die andere unbegründet über dich sagen, einfach ignorieren und keine Energie darauf verschwenden. Trotzdem ist es auch wichtig, in den richtigen Momenten mal Kontra zu geben. Menschen, die schlecht über dich reden, sollen unbedingt wissen, dass du dir so was nicht einfach gefallen lässt.
Merke dir unbedingt, dass nichts und niemand deinen Wert mindern kann, es sei denn du lässt es zu.
»Ich kenne meinen Wert, und niemand kann ihn herabsetzen.«

Ein weiterer außerordentlich wichtiger Punkt ist:

Vergleiche dich nicht immer mit anderen

Besonders wenn wir unserer geliebtes Instagram öffnen, geht die Post ab. Bevor du dichs versiehst, landest du auf irgendeiner Seite eines Topmodels und bekommst bald eine Sehnenscheidenentzündung, weil du nicht aufhören kannst, durch ihr perfektes Profil zu scrollen.
Und wieso hat die Alte eigentlich nur Freundinnen, die mindestens genauso schön aussehen? Und natürlich ist sie mit 'nem mega Hottie zusammen und wohnt mit ihm in einer großen Villa mit Pool, in der es so ordentlich ist, dass du auf ihre Marmorplatten kotzen könntest.

Wir neigen alle dazu, uns ab und an mal zu vergleichen. Das passiert nicht nur auf Insta, sondern auch im Alltag. Du triffst auf viele Menschen und vergleichst ihre Situation oder ihr Aussehen mit dir und deinem Leben. Das ist aber erst mal nichts Schlimmes. Denn allein weil wir in einer Leistungsgesellschaft leben, werden wir fast täglich daran erinnert, uns zu vergleichen.

Gefährlich wird's aber, wenn du nur siehst, was die anderen Tolles haben und was du selbst nicht hast. Indem du nur das Gute bei den anderen und ausschließlich das Schlechte bei dir siehst, fängst du an, dich selbst zu degradieren. Das wiederum führt dazu, dass du dich fühlst wie ein wertloses Stück Sch... ...inken.
Naa toll. Ist das wirklich der Weg, wie du mit dir umgehen willst? Ich denke nicht.

Dazu musst du dir darüber klar werden, dass Vergleiche mit anderen Menschen überhaupt keinen Sinn ergeben. Das ist, als würdest du Nutella mit Nutoka vergleichen. Beide sind ein Schokoaufstrich, aber sie schmecken eigentlich komplett verschieden. (Und das eine schmeckt echt scheiße, haha.) Okay, ein besserer Vergleich ist, denke ich, der Klassiker Äpfel und Birnen. Beides ist zwar Obst, wächst aber an komplett unterschiedlichen Bäumen.
Und genauso ist's halt auch mit Menschen. Der Mensch, den du vielleicht um eine Eigenschaft oder einen Besitz beneidest, hat eine ganz andere Ausgangssituation als du. Ihr seid völlig unterschiedliche Wege gegangen, und das ist auch gut so. Du bist einzigartig. Also bleib mit deinen Gedanken doch auch einfach bei dir. Das nächste Mal, wenn du dich dabei ertappst, dass du dich mit jemandem vergleichen willst, denke dir laut: »STOP! Das macht keinen Sinn!« OOODER vergleiche dich

auf eine coole, bewusste Art. Das geht echt, dazu musst du halt einfach noch eine Ecke weiterdenken. Beziehe einfach alle Umstände mit ein. Du beneidest jemanden um seine Figur? Okay! Dann geh morgen früh zum Fitnessstudio, melde dich an und trainiere!

Statt dich selbst zu bemitleiden, kannst du auch einfach deinen süßen Poppes erheben und was verändern. Kommt viel cooler als Rumgeheule. Jemand hat einen besseren Job als du? Dann investiere deine Energie in eine Fortbildung, in mehr Arbeit, damit du auch aufsteigen kannst. Aber hör auf, dich damit zu beschäftigen, wieso jemand anders deine Traumposition hat. Tu was dafür, und du wirst schon da landen, wo du hingehörst. Kurz gesagt: Vergleiche bringen dich nicht weiter. Let it go.

Achte auf die schönen Dinge im Leben

Wir versperren viel zu oft die Augen vor den kleinen Schönheiten am Tag. Wenn wir uns aber bewusst machen, wie viel Glück wir haben, genau hier, in diese Zeit geboren worden zu sein, kann das wunderbar das positive Gedankengut stärken.

»Cool, dass die Bahn heute mal nicht zu spät kam.«

»Wie schön, die Blumen blühen.«

»Zum Glück bin ich noch kurz vor dem Regen nach Hause gekommen.«

»Wie schön habe ich heute mit meinen Freunden gelacht.«

All das klingt jetzt nach Kleinigkeiten, aber wenn du dir bewusst darüber wirst, dass es schöne, wunderbare Kleinigkeiten sind, erstrahlt dein Tag direkt in einem helleren Licht. Im Zuge dessen bin ich dann auch jeden Tag dankbar und schreibe mir drei Dinge auf, um die ich froh bin, dass ich sie habe.

»Ich bin dankbar, dass ich ein Dach über dem Kopf habe.«

»Ich bin dankbar, dass ich heute frei habe.«
»Ich bin dankbar, dass ich meiner besten Freundin mein Herz ausschütten konnte.«
Wenn du dir jetzt denkst: »ALLLLTER, wie viele Listen soll ich denn noch schreiben?« – ich glaub, das war die letzte. Schließlich bin ich ja jetzt hier der Schriftsteller, höhö.

Wofür bin ich heute dankbar

Schick mir unbedingt ein Bild davon, wofür du dankbar bist. Ich reposte es gerne, sodass alle sich mal mehr Gedanken darüber machen können.

Distanziere dich von Negativität

Wir werden jeden Tag mit Informationen zugeballert, und viele davon sind leider negativ. Wie zum Beispiel die Nachrichten. Natürlich möchte ich wissen, was in der Welt abgeht, aber ich nehme mir oft auch bewusst »Nachrichten-Auszeiten«.

Das bedeutet, dass ich mich nicht nur von News distanziere, sondern auch von Social Media. Handy weg, gute Musik und Bücher her und fertig, aus.

Glaub mir, wenn du das mal einen Tag in der Woche durchziehst, fühlst du dich super! Besonders weil man sich in dieser Zeit total gut mit sich selbst auseinandersetzen kann. Denn wir werden kontinuierlich abgelenkt und haben im Alltag total oft keine Zeit, uns selbst zu reflektieren und mit unserem Inneren in Kontakt zu treten.

Sei positiv

So wie du anderen begegnest, werden sie im Bestfall auch dir begegnen. Dazu gibt's eine ganz einfache Übung, die dir garantiert gute Laune machen wird. Lächle heute doch einfach mal drei fremde Menschen an und schau, was zurückkommt. Du wirst merken, es macht einen megahappy, lächelnd statt mit dem Resting Bitch Face durch die Stadt zu laufen. Und wenn keiner zurücklächelt? Joa, dann siehst du vielleicht creepy aus, wenn du lächelst. Haha. Aber glaub mir, irgendwer wird dein Gegrinse erwidern. Und so wird nicht nur dein Tag besser, sondern der der anderen Person auch.

Glück ist das Einzige, was sich verdoppelt, wenn man es teilt. Jaaaa, da packt sie die 08/15-Klischeesprüche aus. Aber sie sind einfach so waaaaahr.

Was du nicht ändern kannst, nimm hin

Halte dich nicht allzu lang an vergangenen Dingen auf. Streiche Sätze wie »Hätte ich doch…« oder »Was wäre gewesen, wenn …« Fokussiere dich auf die Gegenwart und die Zukunft, denn nur diese kannst du beeinflussen! Alles, was in der Vergangenheit liegt, kannst du jetzt eh nicht mehr ändern. Aber du kannst es für alles, was jetzt auf dich wartet, benutzen.

So, puh! Damit habe ich erst mal angefangen, um meiner Grundhaltung ein bisschen mehr Sonnenschein zu verleihen. Und um die Thematik »Selbstliebe« zu vertiefen, gehen wir jetzt einen noch Schritt weiter.

Me First – du hast Priorität

Nein, du bist kein egoistisches Arschloch, wenn du dich an die erste Stelle in deinem Leben setzt! Du bist sehr klug. Sobald du in erster Linie dafür sorgst, dass es dir gut geht, dass du zuerst darauf achtest, wie du dich fühlst, werden auch alle in deinem Umfeld davon profitieren. Denn ganz einfach heruntergebrochen:

Du kannst nichts geben, was du nicht hast.

Kümmere dich gut um dich selbst. Ich habe regelmäßig Dates mit mir. Das klingt jetzt total komisch. Aber probiere es mal. Ich verabrede mich an solchen Tagen mit niemandem. Ich mache mir eine schöne Haarmaske, koche mir was richtig Geiles und besinne mich nur auf mich allein. Das gibt mir Luft, meine Gedanken zu sortieren, etwas abzuschalten und neue Energie zu tanken für alles, was ansteht.

Ich muss auch ehrlich zugeben: Das habe ich schon getan, als ich noch klein war. Mit vier Jahren habe ich schon zu meiner

Mama gesagt: »Mama, ich geh jetzt in mein Zimmer, und du darfst nicht reinkommen. Ich bin nicht sauer auf dich, aber ich möchte alleine spielen.« Und das habe ich mir bis heute beibehalten. Ich brauche diese Ruhe zum Reflektieren. Und das mindestens zweimal die Woche, sonst werde ich ungemütlich.

Das Allerwichtigste ist einfach, dass du vor deiner eigenen Tür kehrst und vielleicht sogar einmal kurz feucht durchwischst, bevor du deine Probleme auf jemand anderen projizieren möchtest. Meistens bringt das schon ganz schön viel Klarheit in die Sache. Achte auf dich und auf das, was dich umgibt. Pass auf dich auf, mein süßer Käsecracker. Nicht dass du ungenießbar wirst.

#hatersgonnahate

*Sie reden nur über dich, wenn
sie selbst zu langweilig sind*

Hass ist ein sehr starkes Wort. Und gerade im Netz hat es in den letzten Jahren an Bedeutung gewonnen, was mich sehr traurig macht. Cybermobbing. Ein Begriff, der erst in den letzten Jahren entstanden ist, weil schwache Menschen die Chance bekommen haben, sich versteckt hinter ihren Bildschirmen auszukotzen.

Dem Frust, der sich angesammelt hat, wird in Form von Kommentaren Luft gemacht.

Und ihr wisst es, auch mich hat es natürlich schon ein paarmal erwischt. Irgendwann entwickelt man einen gesunden Abstand dazu, aber ich fürchte, dass nicht alle so ein dickes Fell haben wie ich.

Hier mal eine kleine Auswahl an wunderbaren »Liebesbriefen«, die mich erreicht haben. Best of Hate:

»du dreckiger neger geh zurück in den Busch«
»wenn ich dich finde werde ich dich töten du
unlustiges Opfer«
»du bist nichts wert, ich hasse dich«
»Geh und häng dich auf«

Natürlich ist es nicht einfach, so was lesen zu müssen. Mittlerweile finde ich es aber nur noch lustig oder armselig. Leute, wenn ihr mich wirklich verletzen wollt, sorgt dafür, dass mir der Pizzalieferant die falsche Pizza bringt, sorgt dafür, dass mein

Steak durchgebraten wird, wenn ich es medium wollte, oder sorgt dafür, dass ich nie wieder Käse essen darf. Das sind Dinge, die mich wirklich erschüttern.

Die Frage ist nun, wie stellt man es an, mit Hass so easy umzugehen? Hör zu, mein luftiges Käsetörtchen:

Lektion 1: Identifiziere diese Klabusterbären

Woran erkennt man einen Hater?

Der typische Hater ist kleingeistig. Daher beschränken sich seine Beleidigungen meist auf die Optik seines zu hassenden Objekts. Das, was er sieht, lässt sich nun mal schnell in dem für ihn typischen Hate-Jargon beschreiben.

Hier einige Beispiele, die mich erreichten. Natürlich in unkorrigierter Form, um die Authentizität der Hater zu wahren:

»du hässlige«
»du bis fette Hurre«

Eine auch häufig vorkommende Spezies ist der Hater, der offenbar unter einer kognitiven Wahrnehmungsstörung leidet, denn er nimmt an, er wäre ein Maßstab für Menschen, mit denen du gerne zusammen wärst:

»ich würde dich niemals f**ken, nischma wenn
man mich Dir aufn Bauch schnallt«
»ich würd die niemals nehmen«

Wow. Lass mich kurz überlegen ... Ich kann mir nichts Schöneres vorstellen, als mit einem hängen gebliebenen Prolo zusammen zu sein. Ich frage mich, in welchem Universum solch ein

Kommentar jemals eine Frau verletzt hat. Viel lustiger also die Analyse eines solchen Aufmerksamkeitsgeiers. Was möchte er uns wohl mit solch einem primitiven Ausruf sagen?

a) Lieber online abrotzen als gar nicht?!

b) Er muss sich Frauen auf den Bauch binden, weil seine Genitalien ansonsten zu kurz für Koitus sind?

c) Er leidet darunter, niemals eine Beziehung zu haben, und projiziert seinen Ärger auf sein Hassobjekt.

d) In Wirklichkeit würde er sich niemals trauen, so was zu dir zu sagen.

Oft machen Hater ihrer eigenen Unzufriedenheit in Form von Kommentaren Luft. Aber es gibt noch ein signifikantes Merkmal, an dem du Hater oder Hater-Kommentare erkennen kannst. GETREU DEM MOTTO »Grammatik bei Yoda gelernt du hast« lassen Rechtschreibung und die grammatikalischen Skills oft zu wünschen übrig. Vermutlich waren diese Schwachsinnskandidaten gerade dabei, ihre Klettverschlussschuhe zuzumachen, als Anstand und Bildung verteilt wurden.

Jaja ... Das kann natürlich auch sein, weil der unfassbar zornige Mensch vor Wut zu schnell getippt hat, aber um es mal gediegen auszudrücken: Die meisten, die so was tun, sind halt einfach unfassbar hohle Idioten.

Ein weiteres Kriterium, an dem du unnötige Hasskommentare erkennen kannst, ist: Die Kritik ist nie konstruktiv, sondern destruktiv, genau wie die Ausdrucksweise besagter Menschen.

>>Du bist scheiße<<
>>Du bist unlustig<<
>>Du bist hässlich<<
>>Ich hasse dich<<

Alle Sätze, die in solch eine Richtung gehen, sollten von dir abprallen, als wärst du aus Wackelpudding. Denn sie bringen dir rein gar nichts. Du solltest für dich selbst festlegen, wessen Worte für dich Gewicht haben. Und ich sag dir ... fremde asoziale Kackofanten stehen dabei zumindest nicht auf meiner Liste.

Bei Familie und Freunden sieht die Sache schon anders aus. Die Meinung von Menschen, die du schätzt und liebst, ist die wichtigste. Fokussiere dich darauf and fuck the rest.
Und sollte dir die Meinung eines Außenstehenden doch wichtig sein, fordere immer eine Antwort auf die Fragen »Warum denkst du das?« und »Wie könnte ich es besser machen?« ein!
Wieso sollte dich eine Aussage eines Menschen berühren, der nicht im Ansatz weiß, wer du bist? Und der größte Widerspruch ist, dass besagte Stinkköpfe sich auf deiner Seite befinden, sich Zeit nehmen, etwas auf DEINER SEITE zu schreiben, um dir zu sagen, dass sie dich nicht mögen ... Das ist einfach auch wieder nur dumm. Das ist, als würde man einen Song herunterladen, den man scheiße findet. Punkt für dich.

> »Wenn man nichts Nettes zu sagen hat, soll
> man den Mund halten.«
> Hase Klopfer in *Bambi*, 1942

Lektion 2: So schützt du dich vor Hass und Mobbing

Wenn es doch mal jemand auf dich abgesehen hat, bedenke immer eins: »Wenn du kritisiert wirst, muss du irgendwas richtig machen. Denn man greift nur denjenigen an, der den Ball hat«, wie Bruce Lee so schön sagte.

Du bist wichtig und interessant. So was muss dich stärken. Denn das Leben dieser Dünnbrettbohrer ist so uninteressant, dass sie sich über deines hermachen.

Wieder ein Punkt für dich, Babe!

Und wo wir grad bei Zitaten waren, hier ist noch ein Schmankerl für dich. Johnny Depp sagte einst:

> »Die Leute halten mich für einen Irren. Aber das
> bin ich nicht. Ich bin nur so, wie sie wären, wenn
> sie nicht so viel Angst hätten.«

Was ich dir damit sagen möchte, ist: Wenn es jemand auf dich abgesehen hat, weil du anders bist als alle, ist das einfach nur ein Zeichen dafür, dass du nicht so langweilig bist wie der Rest. Viele Menschen leben ihr ganzes Leben angepasst und haben zu große Angst davor, ihr wahres Inneres nach außen zu kehren, weil sie fürchten, von der breiten Masse nicht akzeptiert zu werden. Die Frage, die du dir stellen musst, ist: Was ist dir wichtiger?

Du selbst zu sein und damit eventuell etwas anzuecken oder dich anzupassen, dafür aber unglücklicher durchs Leben zu hopsen? Ich wähle Ersteres. Natürlich müssen wir alle unser Verhalten in der Gesellschaft anpassen! Aber ich rede von deiner Persönlichkeit. Lass sie raus, lass sie frei, und hab keine Angst, dass sie irgendjemand nicht mögen könnte.

Das Wichtigste ist, dass du in den Spiegel schauen kannst und denkst: »Ja, Mann, das bin zu 100 Prozent ich und ich stehe zu mir!«

Ich bin ehrlich zu dir, der Schritt in die Öffentlichkeit war für mich auch nicht ganz easy. Wenn ich mir jetzt meine ersten Videos angucke, muss ich so lachen, einfach weil ich nicht zu 100 Prozent das dargestellt habe, was ich war. Ich hatte, als ich anfing, auch ein Bild vor Augen, wie ich wirken wollte. Und genau so wirken meine ganz alten Videos auch: als wollte ich etwas darstellen. Total komisch. In einem Video rede ich zum Beispiel wie ein Roboter, weil ich versucht habe, zu klingen wie eine coole Nachrichtensprecherin! Dazu habe ich meine Texte abgelesen, was das Ganze nicht unbedingt locker wirken ließ. Ich war eine Robotto mit Stock im Arsch ... Ich weiß noch ganz genau, was ich wollte:
»Sie sollen denken, dass du schlau bist.«
»Sie sollen dich ernst nehmen.«
»Du darfst ihnen keine Angriffsfläche bieten.«

Zum Glück hat sich das ganz schnell geändert, und meine Filmchen wurden immer echter, immer komischer. Ich erinnere mich aber auch noch genau an die erste Hater-Welle. Okay, es war eher ein Wellchen, weil 98 Prozent der Kommentare positiv waren, aber diese 2 Prozent haben mich damals verrückt gemacht.
Ich habe mich in einem Video über einen Song lustig gemacht. Ich saß am Abend im Hotel, weil ich mal wieder auf Dreh war, und nahm unverblümt meine Meinung zu diesem ganz ... tollen *räusper* Song auf und lud das Video direkt hoch.
Neben Abertausenden Lachern fand ich plötzlich Kommentare wie:

»Ich werde dich töten du Opfer«
»geh und häng dich einfach auf«

Es war das erste Mal, dass ich so was lesen musste, und es hat mich getroffen wie ein Schlag ins Gesicht. Die Tausende guten Kommentare waren plötzlich irrelevant. Ich habe mich furchtbar gefühlt, weil mir Menschen sagten, sie wünschen sich meinen Tod. Und das alles NUR, weil ich meine Meinung geteilt habe.
»Es gibt Menschen da draußen, die wollen, dass du stirbst.« Das habe ich nicht in meinen Kopf bekommen. Es hat mir eine Riesenangst eingejagt, also löschte ich in einer Kurzschlussreaktion das Video. Ich sag dir, ich hab's in der Sekunde, als es gelöscht war, bereut. Ich habe es sofort wieder hochgeladen, weil ich realisiert habe, dass ich mich doch nicht von irgendwelchen kleinen Menschen, die sich nur mit einem Fake Account trauen, mir so was Bescheuertes zu sagen, mundtot machen lasse.

Ich gebe diesen Menschen Macht über mich, wenn ihre Aussagen mein Handeln bestimmen, und in diesem Moment wurde mir klar, das war das erste und letzte Mal, dass ich so was zulasse. Klar macht es einem Angst, so was zu lesen, und man überlegt sich, wie viel Wahrheit wohl da drinsteckt.
Aber spätestens wenn du die Profile anklickst, um den Menschen hinter dem Kommentar zu sehen, entkräftet das alles.
Das war also meine erste Erfahrung mit Onlinehass, und hey, ich habe es überlebt. Und bin stärker rausgegangen als je zuvor.
Also, wenn du eine Meinung hast, stehe dazu. Gegenwind wird es immer geben, ganz egal, was du machst. Es ist nur wichtig zu wissen, aus welcher Richtung er kommt, damit du dich im Sturm so hinstellen kannst, dass du Rückenwind bekommst, statt umgepustet zu werden.

(Bööööö, ich feier mich grad, dass mir das tatsächlich selbst eingefallen ist!)

Das Lustige ist, als ich wirklich so weit war, dass ich drauf geschissen habe, was andere denken, hat's gezündet. Ich bin am Start und freue mich darüber, mein wahres Ich ohne Einschränkungen präsentieren zu können.

Gib dem Hate keine Macht über dich. Das Einfachste ist, wenn du dich gedanklich einfach nicht damit befasst, sondern dich den Dingen widmest, die schön sind! Sobald du solch negativen Dingen Platz in deinem Kopf einräumst, werden sie dich in deinem Handeln beeinflussen.

Entweder du distanzierst dich komplett davon, oder du kehrst das, was auf dich einprasselt, in etwas Positives um. Kennst du mein Format »For the haters«? Manchmal gibt es Menschen, die lassen einfach nicht locker. Und ich muss ehrlich sagen, ich bin kein Mensch, der sich so was gefallen lässt. Also schlage ich in Form eines Videos zurück! Aber!! Und das ist wichtig: Ich benutze den bösen Kommentar und wandle ihn in etwas Positives für mich um, nämlich neuen Videocontent. Derjenige, der den Kommentar verfasst hat, bleibt dabei anonym und unbeschadet. Ich gewinne aber Views, verdiene Geld, meine Zuschauer lachen sich 'nen Ast ab, und alle sind happy. Keiner wird verletzt!

Lass dir gesagt sein: Irgendwann prallt so was nur noch an dir und deiner beständigen und starken Persönlichkeit ab. Und das ist das Beste, was dir passieren kann.

Kick their asses!

Lektion 3: Be Love

Auch wenn du natürlich nicht 24/7 lieblich durch die Welt spazieren kannst, ist der beste Weg, Hass zu vermeiden, selbst keinen auszusenden. Besonders bei jungen Menschen fällt mir immer wieder auf, wie missgünstig und vor allem fehlersuchend einige eingestellt sind. Aber sorry, ich sehe den Sinn darin einfach nicht.

Letztens saß ich im Zug, und eine Gruppe Mädchen kam herein. Richtige Teenagergirlies halt. Laut, aufgedreht und offensichtlich in Stimmung, über andere zu lästern.

Glaubst du mir, dass ich mich richtig unwohl gefühlt habe? Sie haben über nichts anderes gesprochen als über ANDERE Mädels, die gerade nicht dabei waren. Es gibt so viele Sachen, über die man sich unterhalten kann, aber der Mensch findet es am befriedigendsten, wenn es um andere geht. Ist halt viel einfacher.

Aber sorry, auch viel blöder. Hey, auch ich kann mich nicht davon frei machen, schon mal gelästert zu haben. Jeder von uns hat's schon getan und wird es vermutlich auch wieder tun. Auch um sich vielleicht mal Luft zu machen. Das ist okay.

> Aber lass es doch bitte dann manchmal nur den kleinen Pups und nicht direkt den fetten Scheißhaufen sein. Vermeide es, wenn's geht.
> Wir wollen Positives im Leben anziehen, also sind wir überwiegend positiv, okay? Geil, danke.

#konter

*»Hä, hat sie nicht grad gesagt,
ich soll positiv sein?«*

Sosehr ich darauf abfahre, positiv durchs Leben zu gehen, lass ich es mir nicht nehmen, mich zu wehren, wenn man mich angreift oder dumm anmacht. Ich glaube, ich bin überhaupt erst so bekannt geworden, weil viele mich die »Dissqueen« nennen. Komischer Titel, der mir da verliehen wurde.

Anscheinend habe ich ein Talent dazu, mich so zu wehren, dass es viele Leute amüsiert. Und genau das möchte ich dir auch mitgeben. Du solltest meiner Meinung nach nie der Anstifter für Negativität sein, aber wenn es mal ein Pissopfer wagt, dir auf die Nerven zu gehen, solltest du wissen, wie du dich angemessen verteidigen kannst.

Ich glaube, Kontern zu lernen ist gar nicht so einfach. Es sollte einfach selbstbewusst verkauft werden. Wenn dein Feind denkt, er wäre der stärkste Orkan, musst du ihm am besten mit einem Satz zeigen, dass er nicht mehr ist als ein laues Lüftchen. Manchmal kann ein Konter auch einfach darin bestehen, nichts zu tun! Du musst nicht immer auf Gegenangriff gehen. Die meisten Hater fühlen sich schon extrem angegriffen, wenn du einfach so tust, als wären sie nicht existent. Ignoriere sie so heftig, dass selbst Google sie nicht mehr finden kann. Ignoriere sie so heftig, dass sie an ihrer eigenen Existenz zweifeln. Und du wirst sie schneller los als warme Semmeln.

Eine andere Herangehensweise ist es, schlagfertig auf das zu reagieren, was dir an den Kopf geworfen wird. Mir hat das ehrlich gesagt mein Opa beigebracht. Bei der Arbeit hatte ich mal einen richtig miesen Chef. Der ist mit mir umgegangen, als wäre ich das Allerletzte. Im ersten Zug habe ich mir gedacht, dass ich meinen Job nicht verlieren will und deswegen nichts dagegen sagen kann. Aber mein Opa hat mir beigebracht, dass man IMMER den Mund aufmachen sollte, wenn man zu Unrecht schlecht behandelt wird, und zwar am besten direkt so, dass diese Menschen sich nicht noch mal trauen, dir so was anzutun. Ich habe also all meinen Mut zusammengenommen und besagten Chef zur Rede gestellt. Vorher habe ich, glaub ich, zwei Stunden lang geheult, um sicherzugehen, dass ich nicht im Gespräch heule.

Sidenote: Ich neige dazu zu weinen, wenn ich sauer bin. Diese Eigenschaft kotzt mich so an. Wie soll man mich denn dann ernst nehmen?

Na ja, ich fing also an, ihm zu sagen, dass ich mich so nicht behandeln lasse, und ob ihm klar ist, was er da zu mir jeden Tag sagt, und ob er drüber nachdenkt, was das mit meiner Leistungsfähigkeit bei der Arbeit macht.

Überraschenderweise zeigte er sich einsichtig. Von da an lief es dann auch echt gut. Vor allem weil er kurz danach entlassen wurde, weil er nicht nur zu mir so war. Hahaha. Karma is a bitch.

PS: Ich habe geheult im Gespräch. Aber nur ein bisschen.

Was ich sagen will, ist: Es gibt auch genügend Gesichtsgrätschen, die nicht lockerlassen. Und genau denen musst du mal 'ne Ansage machen. Einfach damit sie verstehen, dass sie das mit dir nicht machen können.

»Die Energie, die du für mich aufbringst, solltest du mal in deine Verhaltensentwicklung investieren!« Kennst du das, wenn du gern kontern würdest, aber in dem Moment fällt dir einfach nichts ein? Wie oft lag ich schon im Bett und dachte mir: »Wäre dir das mal eben eingefallen.« Damit du einen kleinen Anreiz bekommst, was du so sagen könntest, wenn sich mal wieder jemand niveaulos in deinen Weg stellt, präsentiere ich dir hier mal ein paar Konter, die ich sehr gern mag.

Wenn jemand schlecht über dein Aussehen spricht

- »Das trifft mich so hart wie Wackelpudding.«
- »Das ist mir so egal, das find ich nicht mal scheiße.«
- »Du verwechselst mich mit jemandem, den das interessiert.«
- »Was ist denn bei dir schiefgelaufen?«
- »Lieber ein paar Kilo zu viel als ein paar Gehirnzellen zu wenig.«
- »Ich bin sicher, du wirst weit kommen, aber am besten gehst du jetzt schon.«
- »Fass mal meine Hand an. Spürst du, wie kalt mich das lässt?«
- »Meine Problemzone ist wenigstens nicht mein Gehirn.«
- »Keine Ahnung, ob du das nicht gecheckt hast, aber ich bin kein Spiegel.«
- »Tja, wahre Schönheit kommt ja auch von innen.«
- »Melde dich wieder, wenn zur Abwechslung mal was Sinnvolles aus deinem Mund kommt.«
- »Gut, dass ich nicht dein Geschmack bin, ich steh eh nicht auf Flachpfeifen.«
- »Und jedes Mal, wenn ich dich so anschaue, frag ich mich: Was wollte die Natur damit?«
- »Mein Leben glänzt mehr als dein Highlighter.«
- »Ich mag deine Witze.«

Eigentlich ist es gar nicht so wichtig, was du sagst. Es ist nur wichtig, wie du es sagst. Sag es laut, mit Nachdruck und selbstbewusst. Und am besten guckst du dem Mistvieh dabei noch direkt in die Augen! Dann noch ein kleines Lächeln, wenn du gehst, und dieser Hasskloß kann dir dabei zusehen, wie du einfach weitergehst, weitermachst und einfach awesome bist.

Wenn jemand deine Art beleidigt

- »Ist heute irgendwas Besonderes oder bist du immer so dumm?«
- »Zähl mal bis 10, ich brauch 'ne halbe Stunde Ruhe.«
- »Seh ich aus wie 'ne Bratwurst, oder wieso gibst du deinen Senf dazu?«
- »Sorry, ich muss eingeschlafen sein, was hast du gesagt?«
- Du fragst nicht einfach: »Bist du dumm?«, sondern: »Könnte es sein, dass du momentan den intellektuellen Erwartungshorizont ignorierst?«
- »Kannst du das Ganze für mich auch rückwärts sagen?«
- »Wenn ich einem Arschloch zuhören wollte, würde ich furzen.«
- »Führst du etwa schon wieder Selbstgespräche, oder was?«
- »Daran wirst du dich gewöhnen müssen, wenn du mir weiter auf den Sack gehen willst.«
- »Keine Ahnung, was dich so dumm macht, aber es funktioniert super.«
- »Wenn man aus schimmeligem Brot Penicillin machen kann, dann kann man auch aus dir was machen.«
- »Als der liebe Gott die Intelligenz verteilt hat, hättest du ja wenigstens mal husten können.«
- »Gibt's dich auch in witzig?«

- »Komm doch mal wieder, wenn du weniger Zeit hast.«
- »Kleinigkeiten vergesse ich immer ganz schnell, wer warst du noch mal?«

Oder wie wäre es, einfach mal für Verwirrung zu sorgen? Wenn dich das nächste Mal jemand beleidigt, machst du demjenigen einfach ein Kompliment. Du wirst nicht glauben, wie geil das manche aus der Bahn werfen kann.

Ein weiterer Fall, in dem dir ein schneller Konter den Abend retten kann, ist im Club. Wir alle kennen es! Du bist mit deiner Crew unterwegs, und ihr wollt einfach ungestört Spaß haben, aber plötzlich kommt so ein Feierabendclown um die Ecke und geht dir richtig auf die Nerven. Menschen, die ernsthaft glauben, so dumme Anmachsprüche funktionieren, sind doch nicht mehr ganz dicht in der Birne. Also hier, weil mir deine kostbare Zeit auch wichtig ist:

Dumme Anmachsprüche und wie du die Dünnpfiffgurgler schnell wieder loswirst

- »Hey, was geht?« – »Ich, und zwar weg von dir.«
- »Lach doch mal!« – »Über dich, oder was?«
- »Na Praline, Lust auf 'ne Füllung?« – »Nee sorry, ich steh nicht auf Lauch.«
- »Du siehst aus wie meine zukünftige Freundin.« – »Und du siehst aus wie etwas, das ich mit der linken Hand gezeichnet habe. Ich bin Rechtshänder.«
- »Kann ich dir einen ausgeben?« – »Nein, ich will lieber das Geld.«
- »Ich kann dich sehr glücklich machen.« – »Wieso? Gehst du schon?«

- »Wieso guckst du so genervt?« – »Ich hab damit gerechnet, dass du mich ansprichst.«
- »Ist der Platz neben dir noch frei?« – »Ja, und meiner auch, wenn du dich hinsetzt.«
- »Stört es dich, wenn ich rauche?« – »Es stört mich nicht mal, wenn du brennst.«
- »Du raubst mir den Atem.« – »Und du solltest mal 'nen Kaugummi nehmen, sonst atmet hier gleich keiner mehr.«
- »Ist das voll hier.« – »Dann geh doch?!«
- »Du brauchst mal 'nen richtigen Mann.« – »Cool, hätte nicht gedacht, dass du einen kennst.«
- »Ziemlich laut hier.« – »Dann halt doch einfach mal die Klappe.«
- »Wie kommt es, dass du so schön bist? – »Ich hab deinen Anteil auch noch bekommen.«
- »Kennen wir uns nicht?« – »Bist du nicht der neue Müllmann?«
- »Hast du mal Feuer?« – »Für deinen kurzen Docht lohnt sich kein Streichholz mehr.«

> Oft ist es auch einfach nur wichtig, alles mit Humor zu nehmen. Nimm das Leben einfach nicht zu ernst, genauso wie die ganze Social-Media-Welt.
> You're welcome.

#badvibes

Ich hab keine schlechte Laune,
Steine vom Balkon werfen
entspannt mich halt einfach

Ich bin ein ziemlich positiver und meist gut gelaunter Mensch. Ich mag schlechte Laune überhaupt nicht und fühle mich, wenn mich die Zickigkeitswelle dann doch mal erwischt, richtig doof. Oft schaffe ich es, mich da rauszumanövieren, aber manchmal ... Da gibt es diese Tage, da könnten 15 Teenager drei Jahre lang von meiner Laune pubertieren. Da hätte ich gern ein Lama, das alle Leute anspuckt, die mir auf den Sack gehen. Und generell sollte besser niemand versuchen, mit mir zu kommunizieren.

Okay, manchmal kann man auch nicht ganz unterscheiden, ob man schlechte Laune hat oder ob alle Menschen um einen herum einfach nervig sind.

Das Allerschlimmste, was mir an solchen Tagen passieren kann, ist der Teufel jedes Gesprächs: SMALLTALK. Ich hasse Smalltalk. Und ich möchte am liebsten auch keinen führen, wenn ich gute Laune habe. Es interessiert mich halt einfach nicht, wie es einer Person geht, mit der ich kaum etwas zu tun habe. Wenn ich mehr Infos über denjenigen wollte, wären wir so sehr befreundet, dass ich wüsste, wie es ihm geht!

Und genauso geht es ja auch niemanden was an, wie es mir geht. Zumal man es mir bestimmt ansieht, wenn ich schlechte Laune habe. Mir steht der Abfuck nämlich ins Gesicht geschrieben. Und da gibt's wirklich immer noch Leute, die dann fragen: »Und, na, wie geht's?« ... Hörma du, da werd ich noch angepisster!

Vor allem weil man bei einem Smalltalk genau weiß, dass das Gegenüber die Antwort sowieso auch nicht interessiert. Und man lügt. Man lügt einfach heftig rum, weil das Gespräch dann schneller zu Ende ist.

»Geht's dir gut?«

»Ja, und dir?«

»Ja, danke!«

Einer Studie zufolge (die ich soeben erfunden habe) lügen 99 Prozent aller Menschen beim Smalltalk bei der Frage, wie es ihnen geht. Wieso führt man dieses Gespräch also dann überhaupt, wenn es eh auf einem Gerüst von Lügen basiert?

SCHEISSE, wenn du mich fragst.

Und Menschen, die irgendwie süchtig nach so einer Gesprächskotze sind, gehen dann noch eine Ebene weiter. Sie fragen, wie es eigentlich irgendwem geht, den ihr gemeinsam kennt: »Was macht eigentlich XY noch so?«

Alter, halt dein Maul und frag diesen Menschen doch selbst! Seh ich aus wie eine laufende Life-Update-Anzeigetafel? Ich möchte das nicht.

Es gibt aber auch die Menschen, die nicht raffen, dass du gar keine schlechte Laune hast, sondern nur zu faul bist, so zu tun, als würdest du sie mögen.

Es gibt halt so ein paar Dinge, da bekomme ich instant schlechte Laune. Aufgesetzte Nettigkeit gehört zum Beispiel dazu. Die ist übrigens immer superpräsent auf Influencer-Veranstaltungen. Entweder keiner redet mit dir und alle mustern dich nur mit einem blöden side-eye, oder sie kriechen dir so weit in den Arsch, dass sie dir ausm Hals wieder rauswinken könnten. Mir ist das schon so oft passiert, dass jemand zu mir kam und die tollsten Lobeshymnen auf mich und meinen Content trällerte, mir aber komischerweise auf keiner Plattform folgte, noch nie etwas kommentiert oder geliket hat. Komisch, oder? Fake halt. Ist genauso, als würdest du zu Aldi reingehen und sagen: »Ich liebe euer Sortiment, aber ich geh lieber zu Rewe.« Oder als würdest du sagen: »Ich liebe Madonna und ihre Songs, aber ich habe kein Lied downgeloadet, und eine CD habe ich auch noch nie gekauft.«

Deswegen gehe ich eher selten zu solchen Events. Alle sind unsicher, tun aber so, als wären sie es nicht. Ist mir zu viel Schein. Wie auf Instagram. Trotzdem spiele ich immer wieder in diesem Film mit. Ich bin komisch.

Was ich auch so gar nicht abkann, ist Hinterhältigkeit. Ich glaube, ich habe ein Talent dafür, relativ schnell zu durchschauen, ob jemand ein Mensch ist, der hinterrücks miese Sachen macht. Ich glaube, es gibt wenig, was mich so sehr nervt wie ein Mensch, der nicht die Eier hat, zu seinen Worten zu stehen. Es passieren so viel mehr schlechte Dinge, wenn man lästert, als wenn man Probleme einfach direkt mit dem Gegenüber klärt. Das wollen vor allem viele Frauen irgendwie nicht begreifen. Fuckt mich ab.

Auch online haben ja alle Angst, ihre echte Meinung zu sagen. Die erfolgreichsten Influencer haben Profile, an denen du quasi abrutschst, weil sie so glatt sind. Keine Ecken, keine Kanten, nichts, worüber man diskutieren könnte. Sie sind die perfekte Werbetafel, weil du alles an sie heften kannst: Schminke, Mode, Reisen, Tee ... Mich langweilt das total. Aber so gibt's für jeden seinen Platz.

Wenn der Preis ist, dass ich, weil ich Ecken hab, weniger Angebote bekomme, weniger Werbegeschenke kriege oder allgemein weniger Geld verdiene, nehme ich das sehr gern in Kauf. Trotzdem macht es mir manchmal irgendwie auch schlechte Laune, ganz ehrlich.

Mal was Banaleres: Was mir sofort die Laune verdirbt, ist, wenn ich etwas Teures zu essen bestellt hab und es schmeckt kacke. Boaaaaaaaaaaaa. Das kann mir den ganzen Tag ruinieren. Ich bin dann so enttäuscht, dass ich am liebsten sofort nach Hause will, um den Rest des Tages zu schlafen. Schlafen find ich übrigens megageil. Außer ich wollte mich nur kurz hinlegen, um mich auszuruhen, falle aber dann mittags aus Versehen in einen komatösen Zustand, aus dem ich erst fünf Stunden später wieder erwache. Völlig verklatscht, versteht sich. Dann habe ich auch schlechte Laune ...

Also, wie du siehst, habe ich viel Potential, um auch mal wie Grumpy Cat durch die Welt zu laufen. Aber ich mag diesen Zustand eigentlich überhaupt nicht und versuche deswegen immer, mich irgendwie aus diesem Strudel aus Bocklosigkeit und Menschenhass herauszuziehen.

Das kann ich am allerbesten, wenn ich die böse Energie in mir irgendwie freilasse. Schon mit meinen Tanten habe ich, als ich klein war, den Kissenschrei gemacht. Man braucht dafür ein Kissen! Du knallst deine komplette Schlechte-Laune-Birne rein, und dann schreist du – du schreist so laut und so doll, als wäre Chucky, die Mörderpuppe, hinter dir her. Du glaubst nicht, wie befreiend das sein kann. Es fühlt sich an, als würde man den ganzen Stress einfach über den Schrei rauslassen. Probier's mal.

Wenn der Kissenschrei aber nicht ganz ausreicht, gibt es noch eine Sache, die mir eigentlich immer hilft: Tanzen. Ich mach meine absoluten Lieblingssongs an, und zwar auf voller Lautstärke, und dann geht's ab. Ich tanze wie ein ultimativer Vollidiot durch die Wohnung. Losgelöst von allem. Dabei geht's nicht darum, besonders schön auszusehen, sondern es geht nur darum, dass du dir den ganzen Abfuck von der Seele schüttelst.

Unter dem Hashtag #happyabdancingwithtashi hab ich auf Insta sogar schon eine kleine Gute-Laune-Bewegung (höhö, Bewegung!) gestartet. Es ist so cool zu sehen, dass das nicht nur bei mir funktioniert. Danach bin ich meistens total aus der Puste, aber ich fühle mich super. Wenn du dann noch Zeit zum Duschen hast, steigst du wie der freshe Phönix aus der Dusche. Und die Welt sieht gar nicht mehr so schlimm aus.

Wenn du dich aber kacke fühlst, siehst du meistens auch aus wie so ein kleiner Grummeltroll. Zumindest ist das bei mir so. Deswegen hilft es mir auch übelst, wenn ich mir was Superschönes anziehe und mich zurechtmache. Wenn du dein Äußeres deinem Inneren anpasst, also dann auch noch rumläufst wie ein Hänger, dann ist es ziemlich schwierig, vom Bad-Mood-Trip runterzukommen.

Hol dir dein liebstes Outfit. Und wenn du dann in den Spiegel guckst, wird's dir besser gehen. Wenn auch das nicht wirkt, kann nur der einzig wahre Schlüssel zur Glückseligkeit helfen: was richtig Geiles zu essen. Da du im besten Fall jetzt geduscht bist und auch noch geil aussiehst, ruf deine beste Freundin an und mach mit ihr ein Dinnerdate in eurem Lieblingsladen klar. Und dann wirst du dir dein Lieblingsessen so sehr reinfahren, als gäbe es nie mehr was. Mein Go-to-Essen ist dann übrigens grundsätzlich Steak! So ein richtig schönes Filetstück. Medium, versteht sich, mit einem bisschen grobem Salz drauf ... dazu Pommes, denn ich lieeeebe Pommes und 'ne geile Sauce zum Dippen. Ich würde mich ja gern mal mit Sauce hollandaise einreiben. Ich liebe es.

Bei schlechter Laune ist's auch immer ganz geil, wenn du dich jemandem anvertrauen kannst. Dein/e beste/r Freund/in hört dir bestimmt gern zu und holt dich auf den Boden der glücklichen Tatsachen zurück. Ich denke, Kommunikation ist bei Unmut sowieso mega wichtig. Man kann nicht immer alles in sich hineinfressen, weil Gedanken sich dann oft verlieren und eine komische Dynamik entwickeln.

Mir fällt das übrigens gar nicht so leicht. Ich mag es nicht so gern, so viel über meine Gefühle zu reden, wenn sie negativ sind. Ich fühle mich mega unwohl damit, dann zu verbalisieren, was mich belastet. Aber meistens merke ich dann schon beim Aussprechen, dass ich in meinem Köpflein ein wenig übertrieben habe (dazu neige ich nämlich, mal so unter uns). Ich bin Profi darin, meine Gedanken bis zu einem Punkt zu spinnen, an dem es absolut lächerlich wird. Aber ich glaube mir den Schwachsinn meistens, bis ich mit jemandem darüber rede. Und wenn ich sie dann einmal rausgelassen und mit einem lieben Menschen rational reflektiert habe, ist alles meistens gar nicht mehr so schlimm, wie es in meinem Kopf war.

Ansonsten kann man noch versuchen, die Gedanken im Kopf durch bessere Gedanken zu verdrängen. Ich versuche dann immer, etwas Inspirierendes zu lesen oder zu hören. Seit Neuestem stehe ich nämlich total auf Podcasts. Und da findest du echt alles. Dinge, die dich inspirieren, Dinge, die dich zum Lachen bringen oder motivieren. Es ist so geil.
Apropos lachen. Das ist ja wohl die beste Medizin gegen alles! Geh einfach auf YouTube und zieh dir da irgendwelche lustigen Videos rein. Ein herzhaftes Lachen ist einfach sooo befreiend. Mich erreichen täglich Nachrichten, in denen Menschen mir sagen, dass ich ihnen mit meinen Videos durch dunkle Zeiten geholfen habe. Und das ist etwas, was mich nicht glücklicher machen könnte. Wahnsinn. Ja, und manchmal lese ich dann halt einfach eure lieben Nachrichten und Kommentare, denn ein nettes Wort kann einem nämlich ganz schnell die schlechte Laune verderben. #crewlove

Ach, und bevor ich's vergesse, wenn ich saurig bin, dann fange ich an, zu putzen und aufzuräumen. Das mache ich übrigens auch, wenn ich eigentlich wichtige Aufgaben zu erledigen habe. Glaub mir, während ich diese Zeilen schreibe, ist meine Bude blitzeblank.

Aber ich habe das Gefühl, dass ich mich besser fühle, wenn mein Umfeld klar und sauber ist ... oberflächlich. Ich rede nicht davon, wie es aussieht, wenn man meine Schubladen öffnet. Aber wenn's oberflächlich schön sauber ist, geht's mir einfach besser.

Meine letzte Geheimwaffe gegen Kummer ist Kreativität! Es hilft mir total, mich aus einem Tief zu ziehen, indem ich irgendwas Neues erschaffe. Ich bastele ja total gerne Einrichtungsdinge, oder ich mache auch gern Musik. Wusstest du, dass ich Klavier spielen kann? Eher schlecht als recht, aber nur weil ich irgendwann aufgehört habe, es zu verfolgen. Ich spiele nur nach Gehör, das funktioniert aber ganz gut. Manchmal spiele ich mich dann ein paar Stunden frei und mir geht's besser.

Ich hoffe, ich kann mir irgendwann von meinem Ersparten eine Hang Drum kaufen. Dieses Instrument ist für mich gemacht worden und wird mir so viel Entspannung bringen, ich weiß es.

Generell ist schlechte Laune total unnötig und oft zum Glück nur kurz da.

Also, lass dich nicht unterkriegen, zieh dich da raus. Und mach einfach das verdammte Licht an, wenn's mal dunkel ist. Oder geh zur Sonne.

frauen

*Denn wir sind so unkompliziert
wie ein Puzzle von einem blauen
Himmel mit 7 000 Teilen*

Wenn Männer manchmal komisch sind, sind wir Frauen vermutlich noch viermal so schlimm. Denn auch wenn's ein Klischee ist, wir Frauen sind das anstrengendere Geschlecht.
Ich bin mal ganz, ganz ehrlich. Ich finde die meisten Frauen nur anstrengend. Ich mag Männer irgendwie lieber. Einfach weil ich sie für viel unkomplizierter, entspannter und cooler halte. Sie denken meist zuerst auf einer logischen Ebene, wogegen wir Frauen komplette Gefühlsbälle sind. Klar kann man das nicht pauschalisieren. Bevor hier rumgeheult wird, dass nicht alle gleich sind. Aber ich arbeite halt gern mit Klischees, genau wie in meinen Videos.
Ich wäre so gern mal für einen Tag ein Mann. Als Allererstes würde ich den Helikopterdick machen. (Für alle, die nicht wissen, was das ist: Ich würde so tun, als wäre mein Penis der Propeller eines Helikopters … prffffff.) Danach würde ich ganz schnell mit meinem Ding hin und her wedeln. Und dann würde ich überallhin pinkeln. Ich wäre ein schrecklicher Mann.
Back to topic.
Die Verbindungen, die ich in meinem Leben zu Frauen habe, sind wunderbar. Aber wenn ich mich entscheiden müsste, würde ich den Rest meines Lebens lieber mit Männern verbringen. Das bringt einfach weniger Probleme mit sich.
Es fängt schon damit an, dass wir Frauen einfach so oft was anderes sagen als das, was wir denken.

Wenn man sich mit Frauen streitet, gibt es Stichworte oder Sätze, bei denen sollte man schnell die Beine in die Hand nehmen und wegrennen.

Was wir Frauen wirklich meinen

Meine Girls dürfen jetzt gern diese Tabelle abfotografieren und ihrem Mann freundlicherweise zukommen lassen, vielleicht klappt's ja dann mit einer reibungslosen Kommunikation. Wenn nicht, druckt sie aus, macht daraus 'nen Flieger und werft sie ihm an den Kopf, bis er es versteht.
Für all meine Boys: You're welcome.

Wenn du Folgendes hörst, brennt der Baum:

AUSDRUCK	ÜBERSETZUNG
Wie bitte?	Ich geb dir noch eine Chance, deine Worte zu korrigieren.
Ach so.	Verarsch jemand anderen.
Ist schon okay.	Gar nichts ist okay.
Ich hab nix.	Natürlich hab ich was. Wenn du schon so dumm fragst, raffst du es ja auch selbst schon.
Findest du, ich sehe dick aus?	Sag mir, dass ich schön bin.
Findest du mich hübsch?	Du könntest mir ruhig mal mehr Komplimente machen.
Es wäre schön, wenn ...	Wenn du das nicht sofort machst, bekommen wir Streit.
Was machst du da?	Du machst das falsch.
Ich bin nicht sauer.	Natürlich bin ich sauer.

AUSDRUCK	ÜBERSETZUNG
Na dann …	Du wirst sterben.
Mach doch, was du willst.	Wage es nicht, zu machen, was du willst. Du sollst nur machen, was ich will.

Und neben Dingen, die wir anders meinen, als wir sie sagen, gibt's auch noch die ein oder andere Lüge, die bestimmt jede Frau mal vom Stapel gelassen hat.

Wenn ich ein Mann wäre, würde ich durchdrehen, wenn ich mich damit auseinandersetzen müsste.

DIE LÜGE	DIE WAHRHEIT
Ich bin nicht so eine.	Sie ist GENAU so eine.
Ich hab nicht gesehen, dass du angerufen hast.	Ich hab's gesehen, aber hatte einfach keinen Bock auf dich.
Ich bin nicht eifersüchtig.	Ich bin mega eifersüchtig.
Kann ich mich nicht ganz dran erinnern.	Ich weiß es noch genau, aber so ist's einfacher, aus der Sache rauszukommen.
Ich bin ungeschminkt.	Ich trage nur dezentes Make-up, denn ohne sehe ich aus wie Gollum.
Mich interessiert nicht, was auf deinem Handy ist.	Weil ich es immer checke, wenn du es nicht merkst.
Das Top/Die Schuhe hab ich schon lange.	Ich hab sie neu gekauft, aber da du eh keinen Überblick hast, tu ich so, als hätte ich nicht schon wieder einen Haufen Geld aus dem Fenster geworfen.
Ich bin fast fertig.	Ich bin so in einer Stunde fertig.
Ich wiege …	Als ob ich dir sagen würde, wie schwer ich wirklich bin.
Ich mag deine Freundinnen.	Ich hasse sie alle.

Eigentlich lohnt es sich aber gar nicht zu flunkern. Denn früher oder später kommt eh alles raus.

Trotzdem bin ich sicher, dass jede, die diese Zeilen gelesen hat, schon mal mindestens eine dieser Sachen getan hat. Gib's zuuuuuu!

Und wo wir grad beim Lügen sind: Besonders online werden schnell mal ein paar Infos verschleiert oder anders dargestellt, als sie in der Realität eigentlich sind. In diesem Space kann jeder sein, wer er will. Man kann sich ein ganzes Luftschloss bauen, und das ist einfach supergefährlich.
Wenn besonders Frauen anfangen, auch online zu lügen und nicht zuzugeben, wenn sie zum Beispiel ihre Lippen haben aufspritzen lassen, werden immer mehr Menschen denken, dass es normal ist, so perfekt auszusehen.
Genauso ist ja auch bekannt, dass so ziemlich alle Bilder durch eine Menge Bearbeitungs-Apps laufen, bis sie dann letztendlich mal gepostet werden. Farben werden verändert. Figuren optimiert. Haut glattgebügelt. Und dann gibt's immer noch diese Kandidatinnen, die leugnen, dass sie sich stark bearbeitet haben. Ich sehe den Sinn dahinter nicht und frage mich jedes Mal, wie unzufrieden sie mit ihrem Spiegelbild sein müssen, wenn kein Foto mehr der Realität entspricht.

Ich bin auf Events schon so oft darauf kleben geblieben, wie sehr die hübschen Blogger nicht so aussehen wie auf ihren durchgestylten Feeds. So gefielen sie mir übrigens immer viel besser, so echt und ohne ihre kleinen oder größeren Bearbeitungslügen.
Es wäre übrigens auch gelogen, wenn ich sagen würde, die Fotos, die ich poste, seien unbearbeitet! Klar pimpe ich meine Bilder auch, das macht ja auch total Spaß. Dieser Spaß hört aber dann auf, wenn die Person sich auf dem Bild komplett verfremdet.
PLEASE BE REAL!

Es ist übrigens überhaupt nicht mutig, sich immer nur von seiner makellosen Seite zu zeigen! Langweilig! Es ist mutig und sexy, auch zu seinen Makeln zu stehen. Wir müssen aufhören, Angst davor zu haben, uns mit Ecken und Kanten zu präsentieren. Momentan ist mir alles einfach zu glatt. Ich bin gelangweilt. Ich möchte eure echten Persönlichkeiten sehen. Lasst sie mal frei.

Ich muss aber schon sagen, dass ich froh bin, eine Frau zu sein. Ein Mann wäre ich wirklich, wenn überhaupt, gern mal nur für einen Tag oder eine Woche.
Auch wenn die komplette Gleichberechtigung leider noch nicht in allen Bereichen angekommen ist, finde ich, dass wir viele Vorteile haben, die echt fresh sind. Na ja, außer wenn ich einmal im Monat blute, als würde mich jemand abstechen. Wieso bestraft uns die Natur dafür, dass wir nicht schwanger sind? I don't get it. Aber irgendwann werden die meisten Frauen es sein, und damit Leben schenken. Und wenn das keine Superpower ist, weiß ich auch nicht.

Warum ich gerne eine Frau bin

Aber davon abgesehen gibt's noch so viele andere Sachen, die Frau sein cool macht (an dieser Stelle sorry an meine männlichen Leser, ich hoffe, eure weibliche Seite ist ausgeprägt genug, dass euch das hier trotzdem interessiert):

Multitasking

Ich liebe den Fakt, dass wir Frauen mehrere Sachen gleichzeitig können. Ich stehe gerade in der Küche und mach mir was zu essen, und diesen Textabschnitt schreibe ich nicht, sondern ich spreche ihn ein. Das soll mir mal ein Mann nachmachen. Wenn man sich vorstellt, wie es im Inneren der Frau aussieht, ist das wahrscheinlich mit meinem Browser, der 4000 Tabs offen hat, zu vergleichen.

Stärke und Schwäche

Wir können stark sein, müssen aber nicht. Ich finde es blöd, dass die allgemeine Erwartungshaltung an Männer ist, dass sie immer stark sein müssen, und dass sie als Weicheier gelten, wenn sie mal Gefühle zeigen. Ich mag Gefühle. Wir Frauen haben dieses Problem nicht. Wir können ganz easy auch mal schwach sein, einen mittelschweren Breakdown kriegen, weil der Nagellack wieder eine Kitsche hat, bevor er trocknen konnte, und keiner wird es infrage stellen.

Genauso können wir aber auch supertough und bossy sein. Nur Schlappschwänze fühlen sich übrigens von einer starken Frau eingeschüchtert. Ich glaube, dass manche Frauen ihr Feuer nie richtig ausleben können, weil sie mit einem Feuerlöscher zusammen sind. Wir können alles schaffen. Außer ohne Hilfsmittel sauber im Stehen zu pinkeln. Egal. Also, go girls, be strong and wonderful!

Optik

Ja, ich liebe es auch wegen Oberflächlichkeiten, eine Frau zu sein. Ich mag es, meinen Style immer wieder neu zu erfinden. Ich mag es, dass wir viel mehr Fashionmöglichkeiten haben. Männer sehen in unseren Klamotten meist lächerlich aus, wir in ihren aber süß.

Und dann können wir uns aus dem schlimmsten Gesichtsgulasch ein richtig schönes Sternemenüface zaubern, indem wir einfach Schminke benutzen. Wie geil ist das!?! Wenn eine Frau nicht ganz so viel Schönheit abbekommen hat, kann sie echt noch einiges reißen. Bei Männern sieht's ziemlich kacke aus. Wenn du hässlich bist ... bist du hässlich. Hihiihihiii.

Menstruation

Auch wenn die Periode das Nervigste ist, was man uns antun kann, ist sie auch einfach ein Teil unseres Frauseins! Wir gehen in dieser Zeit oft durch die Hölle, das kann sich echt kein Mann vorstellen. Darum find ich es völlig okay, dass ich meine Periode in der Schule manchmal bitterböse ausgenutzt habe. In diesem Sinne: Shout out an meinen Schwimmlehrer, der dachte, ich habe dreimal im Monat meine Tage. »Prüfen Sie es doch nach!« ... Höhööhöhö.

Emotionsquotient

Neben dem Intelligenzquotienten haben wir noch einen deutlich erhöhten EQ – einen Emotionsquotienten. Dadurch machen wir unsere Jobs oft besser. Wir können nämlich besser zuhören, sind verlässlicher und empathischer.

Außerdem werden wir zuerst aus brennenden Häusern und von sinkenden Schiffen gerettet. Unsere Parkplätze im Parkhaus sind direkt am Ausgang und beleuchtet. Wir können immer Sex haben und müssen keine Angst haben, dass wir die Lanze nicht hochkriegen.

Hach, ich liebe es, eine Frau zu sein. Und am meisten daran liebe ich es, eine unabhängige, selbstständige und erfolgreiche Frau zu sein. Ich denke, diese Kraft steckt in jeder von uns. Und ich bin gespannt, wie wir in den nächsten Jahren die Weltherrschaft an uns reißen werden. Haha, okay, vielleicht nicht ganz so doll, aber wir übernehmen das Business mit Liebe. Aber auch tough. Aber mit Liebe.

Wir sind keine Prinzessinnen, die gerettet werden müssen. Wir sind Königinnen und regeln den Scheiß alleine!

God is a woman.

frauenhassenfrauen

*Das muss aufhören,
ihr Kackbratzen!*

Wenn du jetzt so tust, als wüsstest du nicht, worüber ich reden will, mach bitte dieses Buch zu.

In einer Welt, in der wir wollen, dass die Frauen die Queens sind, die alles regieren, müssen wir ganz ehrlich erst mal auf die Reihe kriegen, dass wir uns untereinander verstehen!

Es gibt sehr viele Weiber da draußen, die andere Frauen runtermachen, ohne einen richtigen Grund dafür zu haben. Ich benutze hier bewusst das Wort WEIBER, denn richtige Frauen sind so gefestigt, dass sie es nicht nötig haben, andere herunterzumachen. Diese liebliche Art der weiblichen Existenz mag ich übrigens sehr gern. Sie unterstützen einander, statt sich zu bekriegen.

Doch: WEIBER HASSEN WEIBER.

Und das ziehe ich mir nicht aus der Nase. Ich kenne keinen Mann, der jemals so gemein zu mir war wie ein Grüppchen von unzufriedenen Uschis. Von außen wirken Weiber oft zerbrechlich und schön und süß, aber in ihnen steckt der verdammte Teufel.

Wenn ein Weib deine Haare schön findet, wird sie es dir nicht einfach sagen. Sie wird dich erst mal nur stundenlang anstarren. Danach geht sie nach Hause, macht eine Lehre als Friseurin, eröffnet in deiner Straße einen Friseursalon, schmeißt dir Gutscheine in den Briefkasten, weil sie genau weiß, keiner kann Gutscheinen widerstehen, und sie wird warten, bis du in den Salon kommst, um dir »AUS VERSEHEN« deine Haare grün zu färben.

Okay, das ist jetzt vielleicht ein wenig übertrieben, aber du verstehst meinen Punkt, oder?

Ich hatte mal für eine kurze Zeit einen Job in einem Büro, dort arbeiteten 95 Prozent Frauen. Ich kam also als Neue rein, stellte mich vor und brachte Gebäck für alle mit.

Schon als ich in das Großraumbüro kam, spürte ich diese Blicke. Du weißt schon, DIESE BLICKE, die nur Frauen können. Ich spreche vom asozialen Musterungsblick von oben nach unten. Ich wurde quasi damit beworfen.

Ich fragte ein Grüppchen, ob ich sie in der Mittagspause zum Essen begleiten dürfte, und sie stimmten, ohne mich anzusehen, zu. Komischerweise war das Büro dann irgendwann gegen Mittag leer, und ich saß alleine drin. Keiner dieser Kackvögel hatte mir Bescheid gesagt.

Später erzählte mir ein männlicher Kollege dann, dass die Frauen mich nicht gefragt hätten, weil sie dachten, ich sei arrogant und wolle mich nur einschleimen. Dass ich vielleicht an meinem ersten Tag einfach nur schüchtern war und es nett fand, eine Kleinigkeit zum Einstand mitzubringen, haben diese Fritten wohl nicht in Erwägung gezogen.

Na ja, ab da wollte ich auch nicht mehr mit denen essen gehen. Alle Gespräche im Büro bestanden übrigens aus Lästereien über Frauen, die gerade nicht im Raum waren. Richtig ekelhaft. Und ich war froh, dass ich dort nicht lang bleiben musste. Ich kann diese unbegründete Bissigkeit einfach nicht verstehen. Aber ich fürchte, es könnte mit folgenden Dingen etwas zu tun haben:

Sechs Gründe, wieso Bratzen Frauen hassen

1. Sie denken, du bist hübscher als sie

Wenn du eine gutaussehende Frau bist, kannst du dir sicher sein, dass es andere Frauen gibt, die dich dafür hassen. Mich haben schon oft Kommentare erreicht wie: »Deine Haare sind ja schön, ABER die sind bestimmt nicht echt.«

Sie versuchen dich runterzumachen, einfach nur damit sie sich selbst besser fühlen können!

»Die hat eine schöne Figur, aber sie hat sich bestimmt die Brüste machen lassen.«

So was höre ich so oft. Wieso kann man einer schönen Frau, wenn sie reinkommt, nicht einfach mal neidlos sagen: »DU SIEHST TOLL AUS!«?

Immer wird der Fehlerdetektor angestellt ... Was könnte an ihr nicht so schön sein?

Zum Glück gibt's aber auch immer mehr Mädels, die checken, dass ein ernst gemeintes Kompliment nicht wehtut. Wenn ich denke, dass eine Frau besonders schön ist oder ein tolles Outfit trägt, sag ich's ihr! Das Gefühl ist übrigens nicht nur für den toll, der das Kompliment bekommt, sondern auch für dich!

Eine Zeit lang hatte ich das Gefühl, dass der einzige Ort, an dem Frauen dann mal wirklich nett zueinander sind, das Klo auf einer Party ist. Ich habe noch nie so viele lächerliche Komplimente gehört wie nachts auf dem Frauenklo! Manchmal wünschte ich, das Leben wäre eine Party, dann wären alle Weiber wenigstens nett.

Wenn man zugibt, dass eine andere Frau Hammer aussieht, macht das einen selbst nicht hässlicher ... sondern schöner, und zwar von innen!

2. Sie denken, du bist erfolgreicher als sie

Ein Riesenoberthema in der ganzen Geschichte ist das Stichwort »Neid«. Das schwingt bei so ziemlich jedem Punkt mit, den ich jetzt hier aufführe.

Sehr viele Weiber haben offenbar Angst, dass du ihnen ihren Platz an der Sonne wegnehmen könntest. Sei es im Beruf, in der Liebe oder in irgendwelchen anderen Bereichen.

Da draußen gibt es wirklich Menschen, die hassen andere Menschen dafür, dass sie fleißig waren und sich etwas erarbeitet haben. Da kann ich mir nur an den Kopf packen.

In der Zeit, in der man sich über das Leben anderer aufregt, hätte man schon längst an seinem eigenen feilen können, oder?

Ich meine, wir Frauen mussten schon lang genug darum kämpfen, überhaupt eine Stimme zu bekommen und ernst genommen zu werden in einer von Männern dominierten Welt. Wieso schießen dann einige Frauen ins eigene Team? I don't get it.

3. Du bist glücklich verliebt und sie nicht

Frauen können solche Monster sein. Viele gönnen dir nicht mal den Dreck unterm Fingernagel, wie könnten sie es dir dann gönnen, wenn du mal auf Wolke sieben schwebst? Weiber hassen es, wenn andere Frauen im Liebesglück schwimmen.

Entweder sie finden, der Typ ist zu gut für dich (»was findet er bloß an der?«), oder der Typ ist eh scheiße (»er wird ihr eh fremdgehen, sie wird schon noch merken, was sie davon hat«). Ich finde, man sollte jedem Liebe gönnen, denn genau das ist es doch, was wir alle wollen. Und wenn man das Liebesglück von jemand anderem schlechtmacht, findet man übrigens auch nicht schneller jemanden für sich selbst.

4. Du bist freizügig/traust dich etwas

Weiber hassen Frauen, die sich mehr trauen als sie selbst. Egal, welchen Standard du hast, es ist eben dein persönlicher.

Nur weil du nicht bauchfrei rumlaufen willst, lass es doch die anderen machen, wenn sie Bock drauf haben. Klar guck ich auch erst mal erstaunt, wenn 'ne Perle den Raum betritt und ich denke, dass an meinem Wischmopp mehr Stoff ist als an ihr, aber dann dreh ich mich halt auch wieder weg und denk mir: »Wenn sie sich so wohl fühlt, soll sie doch!«

Es tut dir ja keiner weh, nur weil es nicht in deiner Komfortzone liegt, wie andere sich kleiden.

5. Du hast etwas, was sie selbst gerne hätten

Eigentlich geht es bei diesen ganzen Sachen im Kern darum, dass Menschen, die so viel Hass verbreiten, eigentlich ein Problem in ihrem Inneren haben, das sie kompensieren, indem sie gemein sind.

Hassweiber leben im Mangel. Ihnen fehlt etwas, was sie in einer anderen Frau sehen. Das kann zum Beispiel Selbstbewusstsein oder ein optisches Attribut sein. Es triggert sie zu sehen, dass jemand anders genau das hat, wonach sie streben. Nehmen wir an, du hast eine super Figur, obwohl du die ganze Zeit isst. Frauen entwickeln schnell Neid und fühlen sich selbst ungerecht behandelt. »Wieso kann sie essen, was sie will, und wird nicht dick, wie unfair.« Das äußert sich dann in Hasskommentaren unter deinem Bild. »Du bist zu dünn«, »Du bist magersüchtig« ... so was habe ich alles schon gelesen. Und so was kann nur von unzufriedenen Frauen kommen.

6. Sie sind einfach Bitches

Joa, oder Weiber hassen andere Frauen, einfach weil sie Bitches sind. Sorry, der musste sein, haha.

Aber mal im Ernst. Wir wachsen schon immer im Wettbewerb auf. In der Schule, in der Uni, bei der Arbeit. Seit ich denken kann, besteht das System darin, dass es immer jemanden geben muss, der der Beste ist, und jemanden, der der Schlechteste ist.

Unser Köpfchen ist regelrecht darauf gedrillt worden, dass wir in einem konstanten Wettstreit miteinander stehen.

Der Schlüssel zu einem entspannteren Leben ist, dass du aufhören musst, dich zu vergleichen. Du musst nicht besser sein als irgendwer, sondern einfach nur du selbst.

Ich habe das Gefühl, dass das bei den Männern alles viel unkomplizierter läuft. Wenn sie ein Problem miteinander haben, sagen sie es klar raus, vielleicht gibt's auch noch ein paar aufs Maul, aber danach gehen sie zusammen ein Bier trinken.

Frauen hingegen klären Probleme nicht wirklich, sondern hoffen, dass die andere Frau das Problem selbst erkennt, lästern mit anderen über das Problem und tun vorneherum so, als wäre alles gut.

Wie fake ist das? Und wieso passiert das?

Es spart so viel Zeit, einfach zu sagen, was man denkt.

Also, lass uns doch alle ein bisschen mehr Liebe und Support füreinander zeigen. Dann können wir vielleicht alle Freundinnen werden und all unsere Klamotten teilen ... oh mein Gott ... das wäre so cool!!!

Let's run the world.

#girlboss

*Denn wenn es eine Sache
gibt, auf die ich wetten würde,
wäre es auf mich selbst*

Ich weiß nicht, wo du gerade im Leben stehst. Aber eins kann ich dir sagen: Es ist nie zu spät, dein Leben in die Hand zu nehmen.

Erfolgreich sein ist, glaube ich, eins der Ziele, die fast jeder in seinem Leben anstrebt. Auch wenn man zuerst das Stichwort »Beruf« mit Erfolg verknüpft, kommt es in so vielen verschiedenen Facetten. Du kannst nämlich nicht nur erfolgreich im Job sein, sondern auch zuhause, privat, mit deiner Familie, in deinem Hobby, als Mutter, als Freundin oder indem du Gutes für die Welt tust. Es gibt so viele Pfade, auf denen du Erfolg haben kannst.

Erfolg bedeutet Zufriedenheit und die Möglichkeit, das zu tun, was du am meisten liebst.

Da gibt es momentan so einen Begriff, der wirklich kaum noch zu übersehen ist: GIRL BOSS.

Vor allem ist er mir aufgefallen, weil plötzlich superviele Dinge damit bedruckt werden. Ich sehe Frauen mit T-Shirts, auf denen dick und fett »Girl Boss« steht. Frauen im Büro mit Tassen: »I am the Boss«.

Mir gefallen der Gedanke und die Bewegung total, jedoch fühlt es sich auch ein bisschen so an, als müssten wir noch dafür kämpfen, ernst genommen zu werden, klarzumachen, dass wir Frauen sehr wohl auch der Boss im Game sein können.

Ich glaube, wir müssen es uns weniger auf die Brust schreiben oder unter unseren Postings hashtaggen, sondern es einfach leben. Die Vorstellung, dass Männer mit T-Shirts mit dem Aufdruck »Boy Boss« rumlaufen, ist doch total lächerlich. Stell dir vor, dein Chef hat eine Tasse auf seinem Tisch stehen, auf der steht: »Ich bin der Boss«. Vermutlich würdest du ihn für einen kompletten Vollidioten halten.

Ich verstehe, wieso wir Frauen das Bedürfnis haben, alle um uns daran zu erinnern, dass wir alles im Griff haben. Aber ich denke, es wird auch verstanden, wenn wir unseren Shit einfach durchziehen und ihnen mit Taten statt Tassen und Shirts zeigen, was wir draufhaben.

Diese Brandings sind für mich eher ein Wink mit dem Zaunpfahl. Und zwar dafür, dass wir Frauen noch mehr dafür kämpfen müssen, in Führungspositionen angenommen zu werden. Der Begriff ärgert mich auch, weil es uns ja schon wieder in eine Rolle drückt, aus der wir doch eigentlich rauszukommen versuchen. Wir wollen doch eigentlich gleichberechtigt mit Männern sein und eben nicht dieses »Für eine Frau ist das ganz gut«-Label auch noch offen präsentieren.
Wir sagen doch auch nicht »Girl Doktor« oder »Girl Anwalt«. Wieso also »Girl Boss«?

Jetzt aber erst mal die Frage:

Was zur Hölle ist ein Girl Boss denn überhaupt?

Ganz platt ist ein Girl Boss, denke ich, erst mal eine Frau in einer Führungsposition. Ich hätte Bock, das mal ganz kurz umzulabeln und zwar einfach nur in »Boss«.

Für mich ist die Bedeutung etwas anders. Ein Boss ist eine erfolgreiche Frau, die unabhängig und selbstbewusst ist. Es ist eine Frau, die sagt, was sie denkt, eine Frau, die deutlich Grenzen aufzeigt und keine Angst hat, sich das zu holen, was ihr zusteht.

Mein Vorbild dafür war schon immer meine Mutter. Sie hat es mir vorgelebt, fleißig, beständig zu sein. Mit einem klaren Ziel vor Augen hat sie ja erst mal allein unser beider Leben gemanagt. Und ich glaube, das hat mich so krass beeinflusst wie nichts anderes in meinem Leben. Meine Mama dabei zu sehen, wie sie konstant weiterlernte, um besser zu sein, um noch mehr aus unserem Leben zu machen, war eine wahre Inspiration.

Und sie ist der erste Boss, den ich kannte. Auch weil sie, wenn sie mich mal zurechtwies, immer sagte: »Ich bin hier der Boss.« Geil, dass ich mittlerweile zu meinem Leben auch sagen kann: »Jetzt bin ich hier der Boss.« Ich hab's im Griff. Ich lebe das aus, was mich glücklich macht, und verdiene damit mein Geld. Und das unabhängig und selbstständig.

Ich bin der Boss über meine Gefühle und meinen Zustand. Der Weg dahin war schon etwas holprig und ist es auch jetzt noch manchmal. Aber es hat sich alles gelohnt.

Als ich entschieden habe, mein Leben in allen Bereichen mehr zu organisieren und in die Hand zu nehmen, hat's klick gemacht. Denn »Boss sein« beschreibt nicht nur, ein Leader im Arbeitskontext zu sein, sondern vor allem auch im Leben.

Alle Frauen, die mich in irgendeiner Art inspirieren, haben besondere Gewohnheiten und Rituale, die sie in ihren Tag einbauen. Sie sind strukturiert. Und das ist der Hauptschlüssel für alles.

Gewohnheiten eines Girl Bosses

Kümmere dich um dich selbst

Vermutlich hast du jetzt einen anderen Punkt an erster Stelle erwartet, aber dieser ist zumindest für mich am wichtigsten! Du kannst nur so gut sein, wie du dich fühlst.

Und beim ganzen Gearbeite und Erfolg ist es wichtig, eine vernünftige Work-Life-Balance zu haben. Du musst dir das Bewusstsein dafür schaffen, wann du eine Pause brauchst. Denn das ist essentiell und wichtig. Nur so kannst du in allen Dingen noch produktiver sein.

Struktur

Du wirst es vermutlich nicht ganz so weit bringen, wenn du wild in den Tag hineinlebst und schaust, was so passiert.

Zu Beginn meiner Selbstständigkeit bin ich daran ein bisschen verzweifelt. Ich habe jeden Tag bis 11 Uhr geschlafen (denn ich liebe Schlafen) und erst nach dem Aufstehen überlegt, welche Sachen anstehen. Das hat dazu geführt, dass ich regelmäßig wichtige Abgaben verpasst habe oder sie auf den letzten Drücker unter megaviel Stress erledigen musste. Und das ist absolut scheiße.

Deswegen sind eine Routine und ein Plan mega wichtig, um den Tag effizient zu gestalten. Mittlerweile sieht mein Tag meistens so aus:

Meine Tagesroutine

8:30 Uhr – egal, ob ich einen Termin habe oder nicht, mein Wecker klingelt um 8:30 Uhr. Ich kenne superviele Menschen, die noch viel früher aufstehen, aber das ist alles, was ich aus meinem vorherigen Langschläferleben rausholen konnte, ohne wie eine komplette Leiche den Tag zu bewältigen. Wenn du früher aufstehst, hast du einfach viel mehr Zeit, deinen Shit zu erledigen, und ich meine neben dem im Bad Aufgaben, die du vielleicht nicht so gern magst.

Danach mache ich mich meistens fertig, als würde ich raus zur Arbeit gehen, auch wenn ich in 90 Prozent der Fälle von zuhause arbeite. Es ist superwichtig für meine Effektivität, dass ich nicht wie ein alter Dünnpfifffladen vor meinem PC sitze, sondern fresh and clean. Das ist irgendwie ein ganz anderes Arbeitsgefühl.

In den ersten Stunden meines Tages versuche ich, so gut wie keine Social Media zu benutzen. Ich kümmere mich um Papierkram wie Steuern, Drehberichte von der Arbeit, und bearbeite Mails.

Kleiner Lifehack: Ich lege mir jeden Abend vor dem Schlafengehen eine To-do-Liste auf meinem Handy an. Die Aufgaben werden dabei in zwei bis drei Kategorien eingeteilt.

1. Wichtig

To-dos, die unter die Kategorie »wichtig« fallen, müssen unbedingt zuerst abgearbeitet werden. Diese Dinge haben Priorität. Das sind dann auch die Sachen, die ich unmittelbar nach dem Aufstehen erledige.

2. Außerdem

Unter meiner Kategorie »außerdem« finden sich Sachen, die ich erledigen muss, sobald die dringlichen abgearbeitet wurden. Darunter fällt dann auch der erste Blick in die Social Media, um die Lage zu checken. Außerdem fallen darunter auch Sachen wie »Lebensmittel einkaufen«. Also generell Hausarbeiten. Auch meine geliebte Quality Time fällt unter die zweite Kategorie. Sich einfach mal Zeit für sich nehmen oder eben schöne Zeit mit Menschen verbringen, die einem guttun. Zum Beispiel bei einem kurzen Mittagessen in der Pause. Danach geht's dann produktiv weiter.

3. Sonst so

In der dritten Kategorie sind Dinge, die ich nicht unbedingt an diesem Tag erledigen muss, die ich aber nicht vom Radar schmeißen kann. Natürlich rutschen alle nicht erledigten Todos am nächsten Tag in eine höhere Kategorie. So behältst du einfach super den Überblick über alles, was du schaffen musst. Und zugegeben, ich finde kaum etwas befriedigender, als meine Liste abhaken zu können und zu sehen, was ich alles geschafft habe.

Außerdem stehen ganz unten in meiner Liste immer meine Kurz- und Langzeitziele. Es ist wirklich wichtig für mich, sie jeden Tag neu zu verinnerlichen. Vor allem weil es total geil ist, wenn du deine Ziele, die du vordefiniert hast, erreichst. Das gibt neue Power für alle nächsten Steps, die du planst. Ein Langzeitziel war zum Beispiel dieses Buch. Das kann ich also jetzt mit einem Riesenhäkchen abhaken. Wohoooooooooo!

Kommuniziere deutlich und klar

Das kann dir nämlich eine Menge wertvolle Zeit sparen. Ob bei der Arbeit oder privat, den ganzen Tag quatschen wir mit Menschen. Wenn wir deutlich kommunizieren, kommen wir schneller zum Ziel. Also Schluss mit der Rumdruckserei. Vor allem ist es auch außerhalb der Arbeit super, immer direkt und klar zu formulieren, was man will oder was man braucht.

Bewegung (ja, ich weiß, ich kotze auch)

Auch wenn ich Sport mega hasse, ist es wichtig, sich ab und zu mal zu bewegen.

Vor allem wenn du mal deinen Kopf aufräumen musst, kann ein Spaziergang oder ein ausgelassener Dance bei deinem Lieblingssong dir megagut helfen. Es reduziert halt einfach leider bewiesenermaßen Stress. Deswegen beweg dich mal, du kleine süße Couchpotato! Ich tanze übrigens meistens im Bad beim Zähneputzen. Dann mach ich meine Bluetoothbox an und es wird abgespackt. Ist für mich ein super Start in den Tag.

Leg den digitalen Scheiß mal weg

Erklärt sich von selbst, ne? Wir werden den ganzen Tag bestrahlt und beeinflusst. Um deine Gedanken zu sammeln, musst du manchmal alles ausstöpseln. Das fällt mir auch mega schwer. Ich mach dann manchmal einfach einen kleinen Wellnessstopp bei der Thaimassage oder in der Sauna. Da wird man ja quasi dazu gezwungen, den Kram mal auszulassen.

Die besten Ideen für neue Videos hatte ich immer, wenn ich keine digitalen Geräte um mich hatte.

Bilde dich weiter

Wenn du ein richtiger Boss sein willst, dann musst du ständig versuchen, besser zu werden. Und zwar nicht als jemand anderes, sondern besser als die gestrige Version von dir.

Mein Go-to-Tool sind momentan Podcasts. Außerdem liebe ich Dokumentationen. Höre nie auf, durstig nach neuem Wissen zu sein, denn die Welt um dich herum entwickelt sich ja auch ständig weiter, also solltest du mit ihr wachsen.

Sei kein Egoschwein

Keiner mag egozentrische, arrogante oder besserwisserische Menschen. Deswegen ist es wichtig, auch mal einzugestehen, dass du Hilfe von anderen brauchst, Tipps anzunehmen oder zu revidieren, was du gesagt hast. Sei einfach offen für all den Input, der auf dich einwirkt. Höre zu, wenn jemand zu dir spricht, nicht nur um zu antworten, sondern in erster Linie, um wirklich zuzuhören. Wenn du in deinem Kopf schon durchdenkst, was du antworten willst, hörst du der Person nur noch bruchstückhaft zu, und das ist nicht cool. Und eventuell gehen dir supergeile Inspirationen durch die Lappen.

Sei mit Menschen zusammen, die das gleiche Ziel verfolgen wie du

Es ist mega beflügelnd, mit Leuten zu reden, die einen ähnlichen Weg wie du gehen. Man kann super von den Erfahrungen anderer profitieren und lernen. Ein regelmäßiger Austausch ist außerdem wichtig für deine Selbstreflexion.
Es hilft dir oft einzuordnen, wo du stehst und wo du als Nächstes hinwillst.

Aufräumen, und zwar deine Bude, du Messi

Damit deine Gedanken ordentlich fließen können, sollte nichts im Weg liegen. Weder in deinem Kopf noch in deinem Umfeld. Ich empfehle daher, immer auch den Ort, an dem du dich gerade befindest, schön und angenehm für dich zu gestalten. Wenn zum Beispiel Wäsche rumliegt, wirst du immer, wenn du in die Richtung guckst, daran denken, dass du die Waschmaschine anstellen müsstest. Räum ein bisschen auf. Mach eine gut duftende Kerze an, und dann geht's ab, mit was auch immer du tun musst.

Akzeptiere Fehler

Menschen hassen es zu scheitern. Ich finde scheitern super und akzeptiere es sehr gerne, wenn ich mal was falsch gemacht habe. Es wird mich im weiteren Verlauf meines Lebens weiterbringen. Ich werde davon lernen. Deswegen hab keine Angst davor, auch mal auf die Schnauze zu fallen. Das hemmt nämlich viel mehr, als dass es dich beschützt.

Manche Ängste sind doch nur da, um überwunden zu werden. Deswegen ist mein Tipp, alles erst mal auszuprobieren. Du wirst schon sehen, es klappt mehr, als du denkst.

> Wir alle können zum Boss für unser Leben werden. Es bedarf lediglich etwas Struktur, Mut, Selbstbewusstsein und dass wir die Angst ablegen, dass etwas nicht klappen könnte.
> Ich wünsche dir, dass du deine Träume visualisierst und bald greifen kannst. Gib alles, lass dich nicht aufhalten. Es ist genug Platz für alle auf dem Siegertreppchen.

#reallife

Wat is dat denn?

Hach ja, das echte Leben. Wie sehr bist du da eigentlich noch präsent? Ich habe manchmal gemerkt, dass es Tage gibt, an denen ich komplett online ersaufe, und das regt mich auf.

Vor ein paar Wochen kam mit einem Update auf meinem Handy plötzlich die Funktion »Bildschirmzeit«. Da wird einem einfach ganz genau angezeigt, wie viel Zeit man am Handy verbringt. Was soll ich sagen? Ich war geschockt, als ich schwarz auf weiß lesen konnte, wie viel Zeit ich am Tag an diesem Smartphone verbringe: 8 Stunden pro Tag im Schnitt. Was????

Okay, ich bediene regelmäßig alle Plattformen, und irgendwie ist's ja auch mein Arbeitsgerät als »Spinnfluencer«. Aber ich dachte mir sofort, dass das nicht mein Ernst sein kann. Das hat doch schon nichts mehr mit »ab und zu mal reingucken« zu tun, sondern es ist völlig gestört!

Seitdem kontrolliere ich meine Bildschirmzeit wirklich extrem. Außerdem habe ich mal wie ein alter Detektiv mein Umfeld gescannt. Die meisten, vor allem junge Menschen, haben, während sie miteinander reden, trotzdem ihr Handy in der Hand. Wir unterhalten uns superoft nicht mehr durchgängig, sondern zwischendurch werden Nachrichten gecheckt, E-Mails abgefragt oder Ähnliches. In Bezug auf die Kommunikation habe ich sowieso schon länger das Gefühl, dass wir dank diverser Nachrichtendienste ein gewaltiges Problem haben. Wir verlernen es, miteinander zu reden und Dinge zu klären, weil man viel lieber bei WhatsApp eine Nachricht schreibt. Ist ja einfacher. Ach, und 'ne Memo ist auch viel cooler, als anzurufen, dann kann man nämlich selbst entscheiden, wann man bereit dafür ist, sich das Gelaber des anderen reinzuziehen. Die direkte Konfrontation wird vermieden. Wir werden zu nicht antwortenden Sprachkrüppeln. Mich regt es allein schon auf, wenn meine Schwester plötzlich im echten Leben auch keine ganzen Sätze mehr formuliert, weil sie es ja auch bei WhatsApp so macht: »bin heute mit Lina«.

Ich hau ihr jedes Mal eine runter, wenn sie das sagt.

#nogewalt #nurnackenklatscher #grammatiklover

Ich habe auch schon Dinge gehört wie: »Gehst du heute Kirmes?«

Bei so was würde ich am liebsten antworten: »Nein, aber geh du mal Schule!« Ich bin mir einfach sicher, dass unsere ganze Onlinenachrichtenmentalität dazu beigetragen hat, dass viele heutzutage einfach zu faul sind, um den Satz im Real Life zu vollenden. Verstanden wird es ja trotzdem. Weißte?

Obwoooooohl, die Sache mit den Missverständnissen gibt's ja auch noch. Mir ist noch aufgefallen, dass viel mehr Probleme in echten zwischenmenschlichen Beziehungen entstehen, weil wir uns online missverstehen.

Ich empfinde zum Beispiel Nachrichten ohne Smiley als negativer als mit Emoji. Wie kaputt ist das? Du schreibst jemandem »Heeey, wie geht's?«, und es kommt zurück »HI ☺«. Okay, die Person muss gut gelaunt sein, das Gespräch kann weitergehen. Kommt aber nur »Hi« zurück, dann stimmt irgendwas nicht.

Bin ich alleine mit dem Gefühl?

Oder wenn jemand alles großschreibt, FÜHLE ICH MICH ANGESCHRIEN, VERDAMMT NOCH MAL. Wieso ist das bitte so?

Außerdem empfinde ich einen Punkt am Ende einer WhatsApp-Nachricht als doppelt und dreifach starkes Statement. »Ich kann heut nicht« klingt nicht so ausdrucksvoll wie »Ich kann heut nicht.« – PUNKT!

Wenn jemand mit »jo« anstelle von »ja« antwortet, muss er auch grummelig drauf sein.

Und schick mir ja keinen Zwinkersmiley. Dann beende ich sofort das Gespräch. Ich kann diese arrogante Kackfresse einfach nicht leiden.

Und weil jeder so seine Eigenarten im Schriftverkehr hat, passiert es seeehr oft, dass wir Dinge falsch aufnehmen.

Statt dann einfach kurz anzurufen, um eventuelle Missverständnisse zu klären, bombardiert man sich mit 7 989-zeiligen Texten und steigert sich komplett in etwas rein, was Face to Face vermutlich innerhalb von zwei Minuten geklärt gewesen wäre. Wenn du mich fragst, ist das totale Energieverschwendung.

Aber sich komplett von diesem Smartphone zu lösen ist halt auch irgendwie keine Option.

Oder ist dir schon mal aufgefallen, was passiert, sobald man sich an einem schönen Ort befindet? Keiner guckt, aber alle zücken das Handy! Noch bevor man ein schönes Ereignis oder einen traumhaften Ort mit allen Sinnen wahrnehmen kann, ist schon eine zwölfteilige Slideshow mit drei verwackelten Panoramabildern und vier Insta-Storys entstanden. Wir haben verlernt, im Moment zu sein und ihn mit unseren Augen und unseren Herzen aufzunehmen.

Und jetzt denk noch mal an alle perfekten Influencer-Insta-Bilder. Für die ist so eine Kulisse meist nur das Instrument für den neuen Post. Da wird dann auf den perfekten Sonnenuntergang gewartet und drauflosgeschossen. Von 300 Bildern landen 299 in der Tonne.

Sie ist sauer auf ihn, weil er im falschen Winkel fotografiert hat, und nur ein Bild schafft es schließlich auf ihre Timeline mit der Unterschrift »Enjoying the Sunset«. Enjoying am Arsch.

»Wenn ich's nicht poste, ist's nicht passiert.« Das ist die Devise von sooooo vielen Menschen da draußen, und dem Menschen, der diesen Spruch in die Welt gesetzt hat, würde ich gern mal einen High five geben ... mit einem Stuhl ... ins Gesicht.

Irgendwie müssen wir alle mal auf Werkseinstellung zurückgesetzt werden, damit wir raffen, wann es angebracht ist, Fotos zu machen, und wann man einfach mal genießen sollte. Weißt du, es gibt Erlebnisse, die behalte lieber im Kopf und im Herzen. Die Minuten, die du für das perfekte Foto verschwendest, kannst du oft viel besser füllen.

Ich wünsche mir, dass wir mehr im Hier und jetzt sind.

Das Krasse ist einfach, dass der Gebrauch des Handys teilweise einer Sucht gleicht. Ich hatte es fast überall dabei und meistens sogar in der Hand. Beim Seriengucken, in Kombi mit sinnlosem Befüllen von Warenkörben, die ich eh nicht kaufe. Beim Einkauf für die Einkaufsliste. Beim Arbeiten für die Recherche. Zwischendurch für Social Media. Im Bad und beim Aufräumen für Musik. Beim Kochen für Podcasts. Beim Autofahren als Navi.

Maaann, selbst auf dem Pott spielt man dann irgendein belangloses Spiel auf diesem Teufelsding. Es hat ja wirklich viele Vorteile. Und ich mag's auch, aber der Konsum ist einfach zu doll. Als ich anfangs versucht habe, den Gebrauch zu reduzieren, hatte ich so viele Momente, in denen ich dachte: »Oh, das könntest du jetzt mal googeln«, »Hm, hab schon lange nicht mehr xy gestalkt«, »Oh, ich muss mal schnell nachgucken, wann die nächste Staffel von *Suits* rauskommt« ...

Konstant hatte ich Gedanken darüber, was ich jetzt mit meinem Handy machen könnte. Das klingt total komisch, aber es war wirklich nicht leicht, einfach für ein paar Stunden darauf zu verzichten.

Mittlerweile lege ich regelmäßig Handy-Detox-Tage ein. Das bedeutet, ich leg den Scheiß einfach weg, solang ich kann! Ich deaktiviere alle Pushbenachrichtigungen und schalte nur den Ton für Anrufe ein. Denn alle werden es verkraften, wenn ich erst später antworte. Und alle, die wirklich was Wichtiges von mir wollen, können ja dann anrufen.

Wenn ich verreise, habe ich mir angewöhnt, das Handy öfter mal im Zimmer zu lassen. Bevor ich etwas in die Suchmaschine eintippe, überlege ich ein wenig länger, ob ich nicht von allein draufkomme oder einen anderen Weg finden kann. Statt der Navigation habe ich mir vorgenommen, öfter mal Menschen nach dem Weg zu fragen, statt starr auf meinen Bildschirm glotzend durch eine fremde Stadt zu latschen. Konzerte möchte ich spüren! Also mache ich nicht 67 Videos, die ich mir nachher sowieso nicht mehr angucke!

In der Zeit, in der ich mein Handy zuhause weglege, lese ich meistens. Außerdem habe ich eine Resenliebe für Do-it-yourself-Projekte. Ich knüpfe dann stundenlang Makramees oder baue mir eine Sitzbank. Und das ist so wahnsinnig erfüllend und erleichternd für die Seele.

> Also mein Tipp: Öfter mal abschalten und mehr Echtes mitbekommen.
> By the way, du machst schon mal alles richtig. Denn du geile Sau liest ja gerade mein Buch. Danke!!

#foodlove #bodyshaming

Ich hab echt schon wieder Hunger!

Ich liebe Essen

Wenn ich eine Beziehung in meinem Leben konstant verfolgt, geehrt und heiliggehalten habe, ist es die zum Essen! Ich liebe Essen. Wirklich. Es gibt fast nichts, was meinen Tag mehr bestimmt als die konstanten Gedanken daran, was ich als Nächstes essen kann.

Ich glaube, ich habe, als ich noch zuhause lebte, meine Mama konstant unter Druck gesetzt. Wenn sie mal sagte, sie kocht nicht – ihr glaubt nicht, was für eine schlechte Laune ich hatte. Oder diese typischen Sätze habe ich auch gehasst wie die Pest.

Ich: »Mama, ich habe Hunger!«

Mama: »Dann mach dir ein Brot!«

Ich: »Ich will aber kein Brot.«

Mama: »Dann hast du auch keinen Hunger.«

Aber doch! Ich hatte Hunger, und wie. Kennst du das, wenn dich bestimmte Essensachen einfach nicht zufriedenstellen? Was soll ich denn mit einem langweiligen Brot? Ich möchte, dass man mir auf der Stelle etwas mit Käse überbackt, Mann.

Meine Mama war auch eine Künstlerin darin, mir Sachen vorzusetzen, die mir einfach nicht reichten. Ich glaube, sie erzählt heute noch allen, wie ich mal von der Schule kam. Meine erste Frage an sie war immer: »Was gibt's heute zu essen?« Nicht: »Hey Mama, wie geht's dir?« (ich Kackkind!), sondern: »WAS ESSEN WIR HEUTE?« Na jaaaa. Jedenfalls sagte sie dann:

»Heute gibt's Heringsdip, und ich kann ja eine Kartoffel dazu machen.« ... Rückblickend finde ich mein 16-jähriges Ich ziemlich asozial, muss ich gestehen. Denn ich antwortete ihr: »Das ist ja voll das Hartz-IV-Essen!« Puh, eigentlich finde ich das auch gar nicht mehr so lustig. Aber es unterstreicht, wie verwöhnt und anspruchsvoll ich war. *HUST* ... bin.

Es geht noch weiter. Einmal hatte ich mir meine geliebten Nuggets geholt. Zwölf Stück. Sie sollten nur für mich allein sein. Aber leider bin ich nicht die Einzige in meiner Familie, die Essen so sehr liebt. Ich stand auf unserem Balkon, als ich sah, wie meine Tante mit ihrem klapprigen Auto anrollte. Sie liebt Essen genauso wie ich. Wenn sie bei uns reinkam, waren ihre ersten Worte auch immer: »Was kann ich essen?«
Fuck, ich wollte doch gerade meine knusprigen, noch warmen Nuggets ganz allein genießen. Ich wusste, ich hatte nur wenig Zeit. Es gab also nur eine einzige Möglichkeit: Ich stopfte alle Hähnchenteile in die Taschen meines Bademantels, den ich trug. Sie klingelte. Ich öffnete die Tür. Nach einer kurzen Begrüßung schoss sie wie immer zum Kühlschrank.
»Wie, es gibt nichts zu essen?«
»Du weißt nur nicht, wo«, dachte ich mir, ging kurz um die Ecke und stopfte mir ein Nugget in den Mund. Punkt für mich.
Als sie wenig später an mir roch und fragte, wieso ich wie eine Fritteuse rieche, musste ich lachen und sagte: »Keine Ahnung!« Alle zwölf Nuggets waren zum Glück bereits in meinem Bauch verschwunden.

Solche, ich nenne sie mal liebevoll »Foodcompetitions« gab's bei uns häufiger. Wenn es z. B. Bacon zum Frühstück gab, war der Trick, sich neben die bratende Mama zu stellen, um einzelne Streifen schon zu mampfen, bevor sie den Tisch erreichten. Außerdem frage ich regelmäßig, ob die Sachen von den anderen auch so komisch schmecken, einfach nur um etwas von ihnen abzubekommen.

»Schmeckt deins auch so komisch? Lass mich mal probieren« – haha. Dieselben Dinge schmecken von einem anderen Teller gleich dreimal so gut, oder?

Noch eine Eigenart, die ich habe, ist, dass ich bei Bestellungen im Restaurant immer erst hören will, was andere bestellen. Ich habe echt immer Angst, jemand könnte was Cooleres als ich auf dem Teller haben. Ich bin so verdammt futterneidisch, das ist echt nicht mehr feierlich.

Ich teile auch echt alles in meinem Leben gerne: Geld, Ruhm, Liebe, Klamotten, aber Essen ... da muss ich echt zweimal überlegen. Wenn ich übrigens kein Essen bekomme, werde ich ungemütlich. Oh, oh. Und wie ungemütlich. Kennst du den Begriff »hangry«? Also eine Mischung aus hungry und angry. Ich denke, wenn man diesen Begriff irgendwann ins Lexikon aufnimmt, wird neben dem Wort ein Bild von mir sein.

So ein richtiges Lieblingsessen habe ich übrigens nicht. Was aber über allem steht, ist:

HERZHAFT VOR SÜSS.

Unbedingt. Und jede Mahlzeit muss auch herzhaft enden, selbst wenn ich eine süße Nachspeise hatte. Ich kenne viele Menschen, bei denen das genau andersherum ist. Aber wie du weißt, schwimme ich ja gern gegen den Strom. Jetzt kommt der krasseste Essensfakt, den viele mir erst mal nicht glauben: Ich habe mir noch nie eine eigene Tafel Schokolade gekauft. Uff. Krass, oder? Ich sage immer: »Ich hab schon genug Schokoanteil in meinen Genen! Ich brauch das nicht.« Natürlich esse ich ab und zu mal Schokolade, aber auch so was wie Schokoaufstrich habe ich nur zuhause, wenn meine beste Freundin zu Besuch kommt. Sie ist nämlich süchtig danach.

Ich bin ein bisschen froh, dass ich nicht auch noch auf Süßigkeiten stehe, sonst müsste ich 18-mal die Woche ins Fitnessstudio rennen, um mein Gewicht zu halten. Was? Wie oft ich jetzt gehe? ... Viermal, ungefähr. Hahaha, nein, Spaß. Ich gehe gar nicht oft zum Sport. Ich esse aber halt fast keinen Zucker, dafür aber zwei Blöcke Gouda die Woche.

Im Laufe meines Onlinedaseins habe ich mich vermehrt damit auseinandergesetzt, welche Figuren idealisiert werden. Vor allem, nachdem mir jemand schrieb: »Wie kommst du so mit deinem Gewicht klar?« Ich glaube, das hat mich wachgerüttelt, dass da draußen ein ganz komisches Bild der perfekt gebauten Frau kursiert. Ich bin und war schon immer sehr zufrieden mit meiner Figur. Ich bin schlank, aber nicht dünn. Ich habe halt 'ne runde Kiste, und auch meine Oberweite ist sehr zufriedenstellend (wie das klingt!). Einen klitzekleinen Bauchansatz habe ich auch. Und mein Poppes hat Grübchen, wenn er lacht. Naaaaa und?! Ich bin echt mega zufrieden. Was aber viele da draußen offenbar nicht sind.
Zu den Models in den Zeitschriften kommen jetzt auch noch die ganzen Influencer, die eigentlich nur die Models aus den Zeitschriften imitieren. Makel werden wegretouchiert, Haut wird geglättet, Körperformen verzerrt. Aber wir Frauen sehen anders aus. Meistens zumindest. Wir sind dünner oder dicker als das, was uns präsentiert wird. Wir haben nicht die perfekte Haut oder diese manchmal wirklich unnatürlichen Proportionen. Viel zu selten zeigen sich die Onlinemenschen mal so, wie sie wirklich sind, und das stört mich.

Body Shaming

Die Beleidigung von Menschen aufgrund ihres Körpers wird geschürt von Klatschzeitschriften, in denen unvorteilhafte Fotos von Promis als »außer Form« oder »hässlich« betitelt werden. Und von Trends wie der »Bikini Bridge«, bei der die Bikinihose im Liegen nicht den Bauch berühren darf, weil die Hüftknochen so weit raussehen, oder dem »Thigh Gap«, also einer Lücke zwischen den Oberschenkeln, wenn man mit geschlossenen Beinen steht. Mensch, ich habe zwar keine Lücke zwischen meinen Oberschenkeln, aber das hat mich schon ein paarmal davor bewahrt, dass mein Handy ins Klo fällt Und wenn ich liege, gucken auch nicht meine Hüftknochen raus. Sondern ich sehe mein süßes Feinkostgewölbe, und ich liebe es. Und wenn ich sitze, bin ich wie Saturn: sehr schön und mit ein paar Ringen drum herum. Wenn du nicht Size 0 hast, wirst du kritisiert.

Und genauso ist es übrigens auch andersherum. Lasst doch auch die Frauen in Ruhe, die von Natur aus sehr dünn sind. »Iss doch mal was.« Nervt sie doch einfach nicht.

Wir müssen wieder lernen, unsere Körper zu lieben und zu akzeptieren. Vor allem müssen wir sie gut behandeln. Und ich glaube, ich bin einfach in einer guten Form, fast ohne Sport, weil ich auf meinen Körper höre. Ich achte sehr genau darauf, was ich zu mir nehme. Natürlich esse ich supergern auch mal Schrott, also Fast Food. Aber zu 98 Prozent koche ich jeden Tag frisches Essen. Ich liebe zum Beispiel Gemüse. Und auch wenn ich Fleisch wirklich sehr liebe, esse ich es meist nur zweimal die Woche. Dazu kommt dann, dass ich weitestgehend auf zuckrige Sachen verzichte. Einfach weil ich sie halt nicht gern mag oder nicht immer brauche.

Und zack, schon regelt sich alles von allein. Okay, ach ja, ich tanze fast jeden Morgen, um mich für den Tag zu motivieren. Ist das auch Sport?

Generell höre ich immer schon irgendwie ziemlich doll auf meinen Körper. Meine Mama hat früher immer gesagt, ich sei ein Hypochonder, weil ich wirklich oft irgendwas habe.

Heute weiß ich aber, es ist anders. Ich habe eine ziemlich starke Verbindung zwischen meinem Körper und meinem Geist. Ich würde mir den Stempel ungern verpassen, aber ich denke, ich habe starke Züge eines hochsensiblen Menschen. Das bedeutet, ganz einfach gesagt, dass ich alle Sinnesreize etwas stärker als der »Normalo« wahrnehme.

Wenn ich zum Beispiel sehr traurig bin, reagiert mein Körper sofort mit. Ich bekomme Fieber. Wenn jemand im Raum ist, der schlecht gelaunt ist, gib mir drei Sekunden, ich spüre es, und die Scheiße ist … ich bin dann auch richtig abgefuckt. Ich muss wirklich daran arbeiten, nicht alles zu stark an mich heranzulassen, weil ich sonst durchdrehe. Wenn ich eine längere Zeit mit vielen Menschen verbracht habe, brauche ich mindestens vier Tage lang alleine meine Ruhe. Das liegt aber bestimmt auch einfach nur daran, dass viele Menschen einfach scheiße sind, haha.

Ich und Sport

In meinem Kopf bin ich irgendwie voll sportlich, aber ich habe das Gefühl, dass das nicht bei meinen Gliedmaßen ankommen will. Ich bekomme Muskelkater vom Treppensteigen. Das sagt schon alles, oder?

Aber ich bin ehrlich, auch ich habe ein Fitnessstudio-Abo, das ich einfach nur bezahle, um nicht hinzugehen. Bin letztens mal da vorbeigefahren. Es steht noch. Regelmäßiger Kontakt ist ja wichtig.

Außerdem schreit irgendwas in mir auch, dass ich, selbst wenn ich mich megagesund ernähre und Sport mache, am Ende trotzdem sterbe.

Nee, man sollte schon zum Sport gehen, wenn man schon Geld dafür bezahlt. Andererseits hat mein Bett auch Geld gekostet, und auch Netflix zieht mir monatlich einiges aus der Tasche. Man muss halt Prioritäten setzen.

Und wenn ich mich dann mal durchgerungen habe hinzugehen, habe ich Tage gebraucht, um das Erlebte zu verarbeiten. Wenn ich »Sport machen« will, sehe ich aus, als würde mich gleich die Müllabfuhr abholen wollen. Schlabberlook. Asipalme und vor allem: KEINE SCHMINKE. Ich stolziere also, übelst stolz auf mich, in so einen Foltertempel, und das Erste, was ich nach meinem Stolz auf mich fühle, ist Aggression. Darüber, dass offenbar alle anderen einen auf hot oder fresh machen. Die haben da sogar matching Sportsets an. Und dann gibt es mich. Ich bin froh, wenn ich es mal schaffe, zwei gleiche Socken anzuziehen. Demotiviert hat mich das trotzdem nicht. Also setze ich mich auf so ein Rad. Und strampele mir den heiligen St. Joachim. Ich strampele echt um mein Leben, und mein Kopf hat ziemlich schnell was von 'ner überreifen Tomate. Ich schwitze. Ich bekomme Schnappatmung. Lange halte ich das nicht mehr aus. Ich schaue nach links. Die Alte, die gleichzeitig mit mir aufs Rad gestiegen ist, sieht irgendwie ganz normal aus. Bei ihr sehe ich nicht mal einen Hauch von Anstrengung. Toll. Ich schaue das erste Mal auf die Zeit, die auf dem Bildschirm anzeigt, wie lange ich schon fahre. Es fühlt sich an wie Stunden. 8 Minuten. Ernsthaft????

Ich bin wohl einfach nicht gemacht für den Scheiß. Ich fühle mich, als wäre ich einen Marathon gelaufen. In 8 Minuten.

So weit, so gut. Ein schlanker, muskulöser Körper entsteht ja bekanntlich nicht nur durch Sport, sondern vor allem auch durch die Ernährung. Gefällt mir ganz gut, der Ansatz. Also dachte ich, hau ich mir mal so einen richtig geilen Shake rein.

Der Muskelprotz hinter der Theke im Studio mixt mir irgendwas zusammen. Ich probiere. Hör mal, da hätte ich auch mal kurz den Kopf in 'ne Kloschüssel halten können. Das wäre geschmacklich genauso stark gewesen.

Ich glaube, ich hatte so was wie einen Milchshake erwartet. Schließlich hatte ich das damals im Fitnessstudio auch so gemacht, mit Milch. Bekommen habe ich aber irgendein Pulver mit Wasser gemixt. Sorry, but this is not for me. Ich muss los.

Auf dem Weg raus aus dem Studio fliege ich dann noch dreimal fast aufs Maul, weil meine Beine nach der ausufernden Radsession so stabil sind wie Gummischnüre.

»Go hard or go home«, habe ich mal gehört. Ich geh echt lieber einfach nach Hause. Von dem Geld, das ich ans Fitnessstudio verloren habe, könnte ich mir heute bestimmt ein gebrauchtes Auto kaufen. Und müsste nicht mehr laufen.

Ich bin so blöd.

Na ja, ich werde es bestimmt immer wieder versuchen. Bis dahin kümmere ich mich einfach mit meinen Kochkünsten um meinen Körper.

Vitamine für ein gutes Körpergefühl

Ich habe übrigens ein Immunsystem von einem Toastbrot. Gefühlt war ich immer krank. Deswegen habe ich die Supplementierung für mich entdeckt. Ich bin kein Arzt und ich kann hier nur von meiner eigenen Erfahrung damit sprechen. Jeder reagiert vermutlich anders. Aber seitdem ich so einige Vitamine täglich einnehme, geht es mir so viel besser. Das hier wird kein Gesundheitsjournal, aber das gehört nun mal auch zu meinem Leben und hat es positiv beeinflusst, und deswegen freue ich mich, meine Erfahrungen mit dir teilen zu können.

Ich habe mich oft müde, träge und lustlos gefühlt. Mir hat irgendwie der Antrieb gefehlt. Besonders in den Wintermonaten. Das wird ja dann immer unter »Du hast bestimmt 'ne Winterdepression« abgetan. Ich dachte echt schon, ich sei depressiv, bis ich für mich aber dann rausfinden konnte, dass mein Körper einen starken Mangel an Vitamin D hatte.

Und ohne zu übertreiben habe ich, nachdem ich ein paar Wochen lang Vitamin D eingenommen hatte, einen massiven Unterschied gespürt!

Ich war plötzlich voller Energie. Gut drauf. War fitter. Einfach meganice.

In unseren Breitengraden ist es nämlich fast unmöglich, genügend Vitamin D selbst zu produzieren. Einfach weil die Sonne uns im Winter nicht genügend erreicht. Ich habe schon immer gesagt, ich muss auswandern. Irgendwohin, wo die ganze Zeit die Sonne scheint.

Der Grund, warum ich dir das erzähle, ist folgender: Hier geht's gerade um ein gutes Körpergefühl. Und ich bin der Meinung, bevor man irgendwelche medikamentösen Maßnahmen angeht, sollte man mal auf seinen Körper schauen und sich fragen: »Fehlt mir vielleicht etwas, was ich nur ausgleichen muss, damit es mir wieder gut gehen kann?«

Manchmal ist's eben einfacher, als man denkt. Mein Ritual: Vitamin D/K2 nehme ich jeden Morgen nach dem Aufstehen in Tropfenform zu mir. Das ist quasi, als würdest du Sonnenschein essen. Im Zuge dessen nehme ich auch noch Magnesium ein. Darüber hinaus gibt es jeden Mittag ein fettes Glas hochdosiertes Vitamin C aus der Aerolakirsche[3].

---

[3] Dass das so für mich funktioniert, heißt natürlich nicht, dass es auch dir guttut. Besprich dich doch am besten mit deinem Arzt, ob dir etwas fehlt und du dem entgegenwirken kannst.

Ich werde kaum noch krank und fühle mich gut damit. Selbst wenn es nur einen Placeboeffekt hat, wovon ich aber nicht ausgehe, funktioniert es für mich.

Höre auf deinen Körper, und zwar ganz genau. Er ist das Zuhause deiner Seele.

Ich höre verstärkt auf mein Inneres und die Zeichen meines Körpers und tue gern alles dafür, dass es mir gut geht. Und wenn du das beachtest, hat dein Körper bestimmt bald riesig Bock, ins Freundschaftsbuch deiner Seele zu schreiben. Denn die besten Freundschaften beginnen doch mit: »Wir haben uns erst nicht gemocht, aber jetzt sind wir beste Freunde.«

Und jetzt steh auf, geh was Geiles einkaufen und koch dir mal so ein richtig megatolles Essen. Ich glaube, als Nächstes bring ich ein Kochbuch raus.

Aber jetzt mach ich mir erst mal ein paar Pommes, hahahaha. It's all about the balance.

liebe

Denn all you need is love ... and was Gutes zu essen. Zunächst kurz zu einem wenig erfreulichen Thema: Arschlöcher!
Arschlöcher sind Leute, die denken, sie könnten uns verarschen, die denken, sie könnten uns nur nachts anrufen, die denken, es sei okay, drei Jahre für eine Antwort auf WhatsApp zu brauchen. Welche, die denken, es sei okay, online zu sein, aber nicht zu antworten. Die sich nicht festlegen wollen und dir erzählen, sie seien beziehungsunfähig. Sorry, aber das Einzige, was die sind, ist dumm, wenn sie so 'ne große Nummer wie dich verpassen! Fuck this shit.
Viele da draußen verschwenden zu viel Zeit an irgendwelche Dummbeutel, die nicht mehr sind als der Pickel, der dir mitten auf der Stirn wächst, wenn du einen wichtigen Termin hast: unnötig.

Viel möchte ich über mein Liebesleben gar nicht sagen. Was du aber wissen kannst, ist, dass ich ein kompletter Beziehungsmensch bin. Ich finde Singlesein ziemlich scheiße. Und ich hasse es, mich an neue Menschen zu gewöhnen, also binde ich mich gerne und am liebsten auch lange.
Meine Beziehungen kann ich an einer Hand abzählen. Und ich glaube, fast keine davon war rückblickend unnötig. Denn sie haben mich geprägt und zu der Beziehung gebracht, die ich jetzt bereits seit vier Jahren führe. Also bin ich dankbar für jede Beziehung, die mich aufgehalten hat und zu der geführt hat, die ich heute haben darf. Es ist die reinste Liebe, die ich jemals empfunden habe. Er ist der stärkste Halt und mein allerbester Freund. Und genau so was wünsche ich dir auch, solltest du auf der Suche sein. Sei nicht traurig, wenn du gerade nicht zufrieden bist! Das Leben führt dich irgendwann genau in die

Arme, in die du gehörst. Und bis dahin gibt's noch Dinge, die mit Käse überbacken sind.

Ich glaube echt daran, dass es zu jedem Pott einen Deckel gibt. Und selbst wenn du denkst, du bist ein Wok, gibt's immer noch Klarsichtfolie!

Natürlich lief in meinem Liebesleben nicht immer alles rund. Auch wenn ich früher unendlich traurig deswegen war, hat es mich zu dem Punkt gebracht, an dem ich heute stehe.

Ich glaube, ich bin auch kein einfacher Partner. Mein größter Fehler ist nämlich, dass ich nicht so schnell vertrauen kann.

Ich glaube, das ist so ein Ding, das daher kommt, dass mein Vater mich früh verlassen hat. Es kommt doch immer alles daher, was so in der Kindheit war. Auch wenn ich echt cool damit war, hat das, denke ich, meinen Bezug zur Männerwelt geprägt. Ich traue denen einfach nicht so richtig. So nach dem Motto: »Die lassen uns doch alle eh irgendwann stehen.«

Deswegen bin ich besonders anfangs in einer Beziehung total eifersüchtig. Ich glaube, ich habe es mittlerweile in den Griff bekommen. Weil ich weiß, dass ich mich auf meinen Freund verlassen kann. Ich denke, eigentlich ist es immer nur die Angst, jemanden zu verlieren, der eigentlich zu dir halten sollte. Und es ist superunfair, das auf jemand anderen zu übertragen. Das Problem liegt ja offenbar bei mir, also sollte ich auch daran arbeiten, das unter Kontrolle zu kriegen.

In meinen früheren Beziehungen gab es auch schlimme Vertrauensbrüche, die nie von mir ausgingen. Heimliche Affären, heimliches Geschreibe mit anderen Frauen. Ich hab's immer rausgefunden. Mir kann man nichts verheimlichen. Ich rieche den Braten auf acht Kilometer Entfernung. Try me and I will hack you your Mini Winnie ab :-).

Sobald mich jemand irgendwie hintergangen hat oder mein Vertrauen missbraucht wurde, habe ich den Menschen aus

meinem Leben eliminiert. Wir können gerne über alles streiten, und jeder kann mal Fehler machen, aber sobald man mir
dreist in den Rücken fällt, ist's vorbei. Für immer. Das kann ich
irgendwie nicht verkraften.

Generell bin ich aber unbedingt Fan davon, an Beziehungen
zu arbeiten. Ich habe das Gefühl, dass mein Handyakku länger
hält, als manche Beziehungen da draußen. Wir werden zugeballert mit Angeboten. Diverse Dating-Apps machen das mög-
lich. Superviele Menschen fragen sich ständig, ob hinter dem
nächsten Swipe nicht vielleicht noch etwas/jemand Besseres
auf ihn wartet.
Hörma, früher war das nicht so, da warst du froh, wenn du die
hotteste Schnitte in der Nachbarschaft klären konntest.
Heute gibt's ein Überangebot an potentiellem Liebesglück.
Komischerweise zerstört genau das ziemlich viel.

»Wenn's mit der Beziehung, die man hat, nicht klappt, gibt's
bestimmt eine andere, in der es besser läuft.« Das ist ein richtig dummer Ansatz, den aber besonders viele junge Menschen
leben.
Wir müssen uns mal wieder dazu aufraffen, Dinge zu reparie-
ren, wenn sie nicht in ihren Grundfesten zerstört wurden.
Eine Beziehung kann nicht immer nur schön sein. Sie ist
manchmal auch verdammt schwierig. Es ist eine Reise, die
man gemeinsam antritt, und dabei geht man manchmal durch
Schlamm und manchmal hopst man über eine Wiese voller
Blumen. Wenn wir uns die ganze Zeit einreden, dass alles nur
toll sein kann, dann wird gar nichts beständig bleiben.
Wie alles im Leben bedarf auch Liebe viel Arbeit. Wie eine
Pflanze, um die man sich die ganze Zeit kümmern muss. (Geil,
dass ich diesen Vergleich wähle, aber einen braunen Daumen
habe. Meine Pflanzen wachsen irgendwie immer nur knusprig.)

Na ja, das Geile ist aber, je mehr Tiefs man gemeinsam durchsteht, umso fester und inniger wird die Beziehung. Also, nicht direkt alles wegwerfen, wenn's mal nicht so gut läuft. Work on it.

Du musst dich halt 'n bisschen locker machen. Ich geh fest davon aus, dass wir alle auch das ausstrahlen was uns innerlich bewegt. Und wenn du eine laufende Krampfader wirst, weil du unbedingt jemanden an deiner Seite haben willst, wird dein Gegenüber das auch sofort merken. Das führt dann dazu, dass es keinen Bock auf dich hat! Deswegen räum dich auf, und er/sie wird kommen ... und ich hoffe, er/sie bringt dir was zu essen mit.

Dates mochte ich übrigens noch nie gern. Einfach weil die meisten zu Beginn versuchen, etwas darzustellen. Spannend wird's erst, wenn die Hemmungen mal fallen und man wirklich zeigt, wer hinter der Datemaske steckt. Alles viel zu anstrengend. Ich hab gar keinen Bock darauf, ständig auf »Ich pupse nie« zu machen oder auf »Meine Beine sind immer glatt« oder auf »Ich sehe morgens nicht aus wie Gollum, sondern wie Cinderella«. Alles Bullshit.

Ich bin ja für komplette Ehrlichkeit, und zwar sofort. Wozu sollte man sich verstellen? Über Witze lachen, die man gar nicht witzig findet, oder gewisse Dinge und Ansichten zurückhalten? Ich habe gehört, viele Mädels hassen es, beim ersten Date zu essen! Ich sag mal so, wenn der Boy nicht erträgt, wie du dein hübsches Gesicht in einem Döner vergräbst und danach womöglich noch dein schönes weißes T-Shirt beschmierst, ist er auch nicht der Richtige.
Scheiß auf Salat bestellen. Du musst sofort klarmachen, mit wem er es zu tun bekommt, dann kann er sich ja aussuchen, ob er noch wegrennen will.

Männer sind ja schon irgendwie komisch. Und mir sind echt schon merkwürdige Sätze beim Daten untergekommen, bei denen ich sofort wusste: Ich muss los, und zwar am besten schnell.

»Du erinnerst mich an meine Mutter.«
Na toll. Was bist du? Ein Boy mit Mutterkomplex? Ich finde Männer super, die ihre Mutter wie eine Königin verehren, aber ich möchte nicht die Ersatzmama spielen. Ich werde nicht deine Wäsche waschen, kochen und dich zur Arbeit bringen.

»Du siehst aus wie meine Ex-Freundin.«
Da gehen doch alle Alarmglocken an. Am besten ist der noch mit seiner Ex befreundet. Das wäre die nächste Horrorstufe. Denn mit dem Ex befreundet sein ist, als würde der Kidnapper zu seinem Opfer, das sich befreit hat, sagen: »Lass mal in Kontakt bleiben.« Für so 'ne Scheiße hat doch keiner Zeit.

»Wir hören voneinander.«
Ja. Und zwar nie mehr. Das sagen doch nur diese »Ich glaub, ich bin beziehungsunfähig«-Schwachmaten. Das Date ist gelaufen, und es wird safe kein zweites geben. Menschen, die sich nicht festlegen wollen, weil zu viele Optionen warten, sind scheiße. Du bist Priorität oder gar nicht. Badabääang.

»Ich hab ein richtig geiles Auto.«
Bei so was schalte ich ja sofort ab. Materielle Sachen interessieren mich gar nicht. Und vor allem imponieren sie mir nicht (sie hat »im Po« gesagt, hihi).
Mich beeindruckt Charme, Humor, Anstand, Ehrgeiz, Intellekt und eine Prise Frechheit. Aber deine Karre ist so interessant wie eine Gabel, wenn du eine Suppe essen willst. Ciaooosen!

»Lass mal in die Sauna gehen.«
Beim ersten Date!? Sach ma, hast du den Arsch offen? Darf ich
erst mal wissen, wie du mit Nachnamen heißt, bevor ich deinen
Pimmel sehe? Männer, die beim ersten Date so 'ne Scheiße
wie schwimmen gehen oder Sauna vorschlagen, haben doch
nur ein eindeutiges Ziel. Ich hingegen zieh erst mal den See-
lenstriptease vor. Danke und bye.

»Willst du das wirklich essen?«
Ja, und ich esse gleich auch noch deinen dummen Kopf, wenn
da noch mal so ein Kommentar rauskommt! Was soll denn so
ein Satz? War das ein Wink mit dem Zaunpfahl, dass ich lieber
ein Salätchen bestellen sollte? Findet er mich fett? Wieso stellt
er beim ersten Date meine Entscheidung infrage? Ich esse kurz
auf und dann gehe ich.

Ach, und zum Thema Ex-Freund! Den Vergleich hab ich schon
mal in einem Video angebracht, aber er ist sehr wirksam. Ich
glaube, in 98 Prozent der Fälle macht es keinen Sinn, dem/
der Ex hinterherzuheulen. Stell dir vor, dein Verflossener ist ein
Apfel. Als du ihn hattest, war er rot und saftig schön, von außen
und von innen. Dann habt ihr Schluss gemacht. Der Apfel war
plötzlich gar nicht mehr so schön, also hast du ihn in den Müll
geworfen. So, die Frage aller Fragen ist nun: Würdest du diesen Gammelapfel wieder aus dem Müll holen, um ihn weiter
zu essen, wenn du Hunger hast??? Häää??? NEIIIN, du ziehst
dir was Schönes an, gehst raus und holst dir einen neuen! Und
scheiß drauf, wenn du ein bisschen suchen musst, weil die ganzen Äpfel da draußen dich langweilen. Wie wär's mal mit 'ner
Birne?!

Und natürlich ist man mal traurig. Das darfst du auch sein, aber
nur ein bisschen! Bis du realisierst, dass es einen Grund haben

muss, wieso ihr jetzt nicht mehr zusammen seid. Es wartet einfach was viel Besseres auf dich und was viel Schlechteres auf ihn/sie. Sag danke für die Erfahrung, und dann drehst du dich um, und dein Ex darf dir zusehen, wie du mit deinem süßen Popöchen gehst – und zwar für immer. Und in eine bessere Zukunft! Bäm!

Und jetzt kommen wir mal auf den Boden der Tatsachen zurück: Wenn dein Herz wirklich gebrochen wäre, wärst du tot, also beruhige dich. Und wenn du dich wirklich nach so einer ekligen, inszenierten Insta-Beziehung sehnst, sag ich dir auch: Hör auf!
Oder hast du Bock, jeden Tag mit deinem Partner Fotos zu machen, auf denen ihr gekünstelt lacht oder euch nur fürs Foto küsst? Wie kann man so was wollen? Erinnert mich ein bisschen an Plastikobst. Vom Weitem denkst du so: »Wow, sieht diese Schale mit dem bunten Obst einladend und toll aus ...«, und wenn du dann hingehst und etwas probieren willst, musst du feststellen, dass du verarscht wurdest. Sieht bei genauem Hinsehen nämlich doch irgendwie ganz anders aus.

Diese Sachen, die dir oft online präsentiert werden, sind zu 70 Prozent keine echten Momentaufnahmen, sondern durchdachte, gestellte Fotos. Also darauf verzichte ich lieber und arbeite daran, dass meine Momente im echten Leben wertvoll sind.

> Das Ding ist, und das ist auch mein Tipp für all meine Freundinnen, konzentriere dich einfach auf dich. Lege nicht den Fokus darauf, dass du unbedingt einen anderen Menschen brauchst, damit du dich besser fühlst! Ein Partner sollte dein Glück nur vermehren, aber niemals allein dafür zuständig sein!
> Over and out!

#quotes

Ein flotter Spruch zieht immer

Wenn du meine Videos kennst, weißt du, wie sehr ich auf flache Sprüche stehe. Es gibt, glaub ich, kein Video, in dem ich nicht irgendeinen dummen Witz reiße. Mein Humor ist sowieso irgendwie verdreht! Bevor ich YouTube gemacht habe, dachte ich auch, dass es nicht so viele Menschen gibt, mit denen ich meinen Humor teilen kann. Aber überraschenderweise seid ihr alle bekloppter, als ich dachte. JUHUUUUU!

Ich wollte schon immer mal eine Sammlung von Dingen, die ich gesagt habe, starten, und ich glaube, dieses Buch ist jetzt die perfekte Gelegenheit.

Ach ja, und außerdem will ich auf keinen Fall, dass du einen lustigen Spruch verpasst. Du kannst sie gern in deinen Alltag integrieren oder als Statusmeldung bei WhatsApp reinschreiben. Auch als Bildunterschrift sind sie manchmal ganz geeignet. Vielleicht muntern sie dich auch einfach nur auf.

Viele habe ich auch nicht selbst erfunden, aber ich habe sie gefunden und mich in sie verliebt. Also, here we go:

Sprüche, die ich gegen Hater verwendet habe

- Ich wusste ja, dass der Tag hässlich wird, aber du übertreibst.
- Du und meine Wohnung, ihr habt jetzt eine Sache gemeinsam: Ihr beide werdet ab jetzt von mir gemoppt.

- Hat dir eigentlich schon mal jemand gesagt, dass du super-sexy bist?! – Das wird auch niemals passieren.
- Generell wische ich immer nur in meiner Wohnung, das ist eigentlich genau wie mit deinem Kommentar: I DON'T KEHR.
- Ein Kondom brauchst du ja nicht, das machst du ja mit deinem Gesicht.
- Das grenzt ja an Umweltverschmutzung – hat deine Mama auch gesagt, als sie dich rausgepresst hat, oder?
- Du kannst übrigens wieder bei mir putzen, ich hab die 10 Euro gefunden.
- Wenn du meine Videos schaust und alles verfolgst, was ich tue, macht dich das zu einem Fan.
- Lasst uns einen Moment dankbar dafür sein, dass Dummheit nicht ansteckend ist.
- Ich hab da letztens erst was ganz Tolles gesehen ... also nicht dich.
- Nein danke, ich brauch deine Hackfresse heute nicht, denn heute gibt's Fisch.
- Du bist doch auf 'ner Autobahn geboren, oder?! Das ist doch da, wo die ganzen Unfälle herkommen.
- Weißt du, was ich wirklich an dir schätze? Nichts!
- Bei dir fragt man sich ja auch immer, ist es deine Körpertemperatur oder dein IQ?
- Wenn du mal drei Kilo abnehmen willst, dann putz dir zur Abwechslung doch einfach mal die Zähne.
- Ist heute irgendwie was Besonderes oder bist du immer so dumm?
- Wenn Dummheit Fett lösen würde, dann wärst du der perfekte Schwamm.
- Jetzt hab ich nur noch eine Bitte an dich, und zwar der siebte Buchstabe im Alphabet ...
- Ich brauch neue Hater, die alten fangen an, mich zu mögen.

- Ach krass, dass du da bist, da hat der Auftragskiller wohl versagt.
- Mein Grill hat mehr mit mir gemeinsam als mit dir – denn wir beide haben immer Kohle.
- Ja, ich bin dunkel, aber das ist deine Zukunft auch.
- In meinem Herzen hab ich keinen Platz für dich, aber ich bin mir sicher, in meinem Garten finden wir noch was.
- Manche Menschen sind wie Wolken, wenn sie verschwinden, ist's schön.

Sprüche für Singles

- Manchmal hätte ich wirklich gerne 'nen richtig heißen Boy, aber dann guck ich mich um und sehe, dass ich umgeben bin von Alpha-Kevins, bei denen ich genau weiß, dass ich mehr Eier in meiner Küche habe als die in ihrer Hose.
- Ich bin gerne Single. Denn wenn ich einen Freund hätte, müsste ich morgens nach dem Aufwachen sofort meine Zähne putzen, damit der erste Kuss nicht nach meinem Mitternachtssnack schmeckt.
- Hätte ich 'nen Freund, dann müsste ich immer so tun, als müsste ich niemals auf die Toilette, um zu kacken. Ich müsste Sätze sagen wie: »Ich geh mich mal ganz kurz frisch machen.«
- Wenn ich 'nen Freund hätte, müsste ich heftigste Bauchschmerzen ertragen, weil ich mich nicht traue zu pupsen.
- Natürlich gebe ich die Liebe nicht einfach auf. Schließlich höre ich auch nicht auf zu essen, nur weil ich nicht kochen kann.
- Männer sind wie Mandarinen, wenn sie dir ins Auge spritzen, ist der Spaß vorbei.
- Auch wenn ich sonst keine Fehler mache, date ich sie regelmäßig.

- Ich bin ja nicht anspruchsvoll oder so, aber was ist dieses »zu viel«?
- Ich mein, wir haben Brüste ... da kann man doch mal was verlangen, oder?
- Frauenzeitschriften verstehe ich übrigens genauso wenig wie Männer. Auf den ersten zehn Seiten steht »Liebe dich selbst«, danach »So nimmst du 20 Kilo in drei Wochen ab« und danach »Die besten Tortenrezepte des Sommers«.
- Ich hatte sie alle schon: Mr. Player, Mr. Bindungsangst, Mr. Ich-will-lieber-was-Lockeres, Mr. Dick-Pic, Mr. Nähmaschine, Mr. Eifersucht, Mr. Ich-bin-schon-fertig, Mr. Ich-meld-mich-nie, Mr. Ich-hab-mein-Handy-irgendwo-vergessen, Mr. Ich-bin-feiern.
- Meine Eierstöcke tanzen noch Tango, aber nicht mehr lange.
- Mein aktueller Beziehungsstatus ist – vergebens.
- Mein Beziehungsstatus: Dinner for one, aber gekocht for two.
- Ich bin schon damit überfordert, dass meine Periode nicht regelmäßig kommt, was soll dann so ein Typ in meinem Leben ausrichten.
- Liebe ist wie ein Furz, wenn man es zu doll will, wird's Scheiße.

So wirst du einen Mann schnell los

- Frage ihn zu Beginn des Dates, wie viel Geld er verdient, damit er direkt weiß, dass du aus den richtigen Gründen da bist.
- Scrolle zum ersten Foto, das er jemals auf Instagram gepostet hat, und schreibe darunter »HI«, like außerdem alle seine Fotos.
- Habe immer ein Messer dabei, so wirkst du superrational.
- Sage ihm direkt zu Beginn, wie verzweifelt du bist und dass er deine große Liebe sein kann.

- Sag ihm, wie geil du seinen besten Freund findest.
- Sag ihm, dass du ab einer Länge von 30 Zentimetern zufrieden bist.
- Betone immer wieder, dass du sehr schnell viele Kinder möchtest.
- Rede fast nur von deinen Ex-Freunden.
- Heule ohne Grund und wegen jedem Grund, so wird er merken, dass du superemotional bist.

Sprüche bei Liebeskummer

- Trennungen sind hart, aber das sind die Penisse von anderen Männern auch.
- Denk dran, der Typ war kein Ritter in Rüstung, sondern ein in Alufolie verpackter Vollidiot.
- Wer braucht schon 'nen Freund? Ich habe Wurst mit Gesicht im Kühlschrank. Der kann ich alles erzählen, und wenn sie mir auf den Sack geht, esse ich sie auf.
- Wenn du denkst: »Ich werde nie wieder einen wie ihn finden« – Baby, genau das ist der Plan, wir wollen nie wieder so 'ne Pissnelke wie ihn.
- Renne ihm niemals hinterher – so sportlich sind wir nicht.
- Den Ex zurücknehmen ist genauso wie Scheiße zurück in den Popo stecken.
- Und befreundet bleiben? Entschuldigung, aber wenn du bei der Arbeit gefeuert wirst, bleibst du auch nicht da, um zu gucken, wie andere deinen Job machen.
- Keine Sorge, die einzige Sache, die ihn besser bumsen wird als du, ist Karma.
- Du musst aufhören, Menschen hinterherzujagen, die nicht gut für dich sind ... außer du hast ein Messer dabei.
- Liebe ist eine biochemische Reaktion, genau wie kotzen.

- Ich bin über meinen Ex hinweg, mit 'nem Auto.
- Glück ist, deinen Ex mit jemandem zu sehen, der hässlicher ist als du.
- Höre auf, Dingen aus der Vergangenheit hinterherzutrauern, das ist genauso, als würdest du dem Müll hinterherweinen, wenn der Müllmann ihn schon längst abgeholt hat.
- Du machst keinen Schritt zurück, du nimmst Anlauf und holst dir was Besseres.

Über uns Frauen

- Oft stellen wir uns auf die Waage und denken: »Fuck, ich bin zu klein!«
- Mein Kleiderschrank ist voll mit nichts zum Anziehen.
- Frauen sehen vielleicht schön aus, aber sie sind der verdammte Teufel.
- Wir müssen uns nie darüber Sorgen machen, wessen Baby es ist! Wenn's ins uns drin ist, ist es unseres.
- Wir sind in der Lage, nur mit Augenkontakt mit anderen Frauen zu kommunizieren.
- Dank Schminke sind wir die Meister der optischen Täuschung, 'ne verkackte Fata Morgana in der Wüste ist nichts dagegen.
- Frauen stalken besser als das FBI.
- Wenn ihr Männer was falsch macht, dann entschuldigt euch gefälligst, und wenn wir Frauen was falsch machen, dann entschuldigt euch gefälligst auch.

Figur und Essen

- Wenn du mich rennen siehst, solltest du mir besser hinterherlaufen – denn entweder gibt's was richtig Geiles zu essen oder ein Mörder ist hinter mir her.
- Sport gibt dir das Gefühl, dass du nackt besser aussiehst ... das macht Alkohol auch.
- Ich liebe mein Sixpack so sehr, dass ich es durch eine kleine Fettschicht schütze.
- Ich habe vor zwei Wochen schon mal eine Diät versucht, und das Einzige, was ich dabei verloren habe, sind 14 Tage.
- Deine Hose ist niemals zu eng, wenn du keine anhast.
- Mein größter Traum ist essen ohne fett zu werden.
- Während die ganzen durchtrainierten Menschen ihren Showwalk am Strandbad machen, ist die Schlange am Pommesstand kürzer.
- Mein Bauch ist nicht zu rund, meine Beine sind einfach zu weit innen.
- Mehr Fett, mehr Boobies.
- Ich bin wirklich bereit für den Sommer, ich habe nur vergessen, meinem Körper Bescheid zu sagen.

Wenn ich das jetzt so vor mir sehe, denk ich mir auch: »Mädel, du hast doch nicht mehr alle Latten am Zaun.«
Das sind natürlich bei Weitem nicht alle Sprüche, und glaub mir, mein Vorrat ist noch längst nicht aufgebraucht.

Keep it real ist ja hier das allumfassende Motto. Und genauso verhalte ich mich auch mit meinem Schnabel. Ich spreche so, wie mir gerade der Sinn steht.
Mein Opa sagt oft zu mir, ich rede in meinen Videos zu »gewöhnlich« und sollte weniger Schimpfworte benutzen. Aber ich find's manchmal einfach echt unterhaltsam. Solang ich

weiß, in welchen Situationen ich mich wie auszudrücken habe, ist doch alles gut.

Und glaub mir, du kannst mich auf eine Gala, die voll mit Professoren ist, schicken und auch auf eine Kirmes an den Autoscooter stellen. Mein Repertoire ist weit gefächert, sehr verehrte Damen und Herren. Ich bin sprachlich so flexibel wie ein Kaugummi.

#reisen

Wenn Reisen umsonst wäre,
würdet ihr mich nie wiedersehen

Wenn man sich die Onlinelandschaft so ansieht, bekommt man 'n bisschen das Gefühl, man ist nur »richtig« gereist, wenn es so fancy und luxuriös gestaltet ist, als könnte man Geld kacken. Obwohl ich besonders den Reisepart der Blogger besonders schätze, zieht es mich auch manchmal etwas runter. Eben weil ich weiß, dass ich nicht First-Class fliegen werde und auch keine Villa für mich allein haben werde. Ich versuche diesen Unmut aber sofort umzudrehen und in Inspiration umzumünzen.

Manchmal denke ich dann, ich hätte mal ein Reiseblogger werden sollen. Denn es gibt nichts, was ich mehr liebe, als die Welt zu erkunden. Wenn ich irgendwann mal eine Reise geschenkt bekomme, weil ich, wie wir ja jetzt wissen, famous bin, werde ich heulen.
Bisher habe ich alles, was ihr bei mir gesehen habt, aus eigener Tasche bezahlt. Ist auch okay.
Ich schwör's euch, ich verdiene Geld und gebe es instantly für Reisen aus. Ich besitze keine großartigen Luxusgüter, keine teuren Klamotten. Maaaaann, ich hab nicht mal ein Auto!
Reisen hat in meinem Leben immer schon eine große Rolle gespielt. Denn meine Großeltern waren schon immer Urlaubsfans und fahren bis heute mindestens zweimal im Jahr in ihren verdienten Urlaub. Dabei haben sie mich schon immer mitgenommen, als ich klitzeklein war. Bereiste Ziele waren hauptsächlich in Spanien. Okay, eigentlich ausschließlich Spanien, wenn ich

mal richtig darüber nachdenke. Gran Canaria, Teneriffa, Lanzarote, Menorca und natürlich Malleeee.

Opa und Oma sind nämlich, schon seit sie jung waren, regelmäßig auf der Schinkenstraße eskaliert. Wenn ich dabei war, natürlich etwas weniger. Ich muss dabei mal kurz erwähnen, dass der berühmte Ballermann ja gar nichts für mich ist. Ich war mal mit einer Freundin dort. Weil Party mache ich ja schon gerne. Aber was ich da erlebt habe, war echt nicht mehr schön. Ich kann dem traditionellen Komasaufen irgendwie nix abgewinnen. Genauso wenig stehe ich auf grölende, halbnackte Typen mit Bierbauch, die mir hinterherpfeifen. Aber das Allerunerträglichste für mich: DIE MUSIK. Ballermann-Hits. Da kommt mir sofort die Kotze hoch. Ich hasse deswegen auch Karneval. Toll, dass ich in Köln lebe, mhm?! Bei allem, was in Richtung Schlager geht, fühle ich mich angegriffen und werde einfach nur sauer, wenn ich's länger als drei Minuten ertragen muss. Da hilft mir auch kein Alkohol. Ich trinke nämlich auch fast nie, einfach weil es mir nicht schmeckt und ich Kontrollverlust gar nicht abkann.

Ich hab da im Bierkönig Dinge gesehen, die mich nachhaltig verstört haben. Ich sag mal so: Tanze niemals nackig, denn es gibt Körperteile, die nicht sofort bremsen, wenn die Musik verstummt …

Dabei ist Mallorca ein unendlich schöner Ort, wenn man den Ballermann ausklammert. Generell liebe ich Spanien. Wenn die nicht die schönste Sprache der Welt haben, weiß ich auch nicht. So schön melodisch und temperamentvoll.

Worauf ich aber hinauswollte, ist, dass mein Leben schon früh geprägt war von Auslandsaufenthalten, und das habe ich irgendwie beibehalten.

Ihr fragt mich so oft nach meinen Reiseerfahrungen, also gebe ich euch jetzt alles, was ich euch bis jetzt geben kann. Tatsächlich ist es noch gar nicht so viel, aber ich arbeite daran.

Reisen und Abenteuer füllen einfach die Seele. Du lernst etwas über andere Kulturen, Bräuche und Menschen. Du wirst offener und oft auch noch dankbarer für das, was du zuhause hast. Ach, vielleicht solltest du noch dazu wissen, dass ich total Flugangst habe. Mittlerweile geht's relativ gut, weil ich eben nicht einsehe, mich von dieser Angst einschränken zu lassen, aber schwitzige Hände und Herzrasen habe ich trotzdem, wenn mal ein paar Turbulenzen kommen. Ich habe diese Angst bekämpft, indem ich mich ständig über sie hinweggesetzt habe. Außerdem habe ich mich mehr als gründlich über alle Abläufe im Flugzeug informiert.

Was noch total absurd und lustig ist, ist, dass ich keine Angst mehr habe, sobald irgendwer im Flugzeug ist, der mehr Angst hat als ich. Ich glaube, da aktiviert sich mein Beschützerinstinkt: »Wenn du so tust, als wäre alles okay, kann der ängstliche Mensch deine Angst nicht aufnehmen und noch mehr Angst bekommen.«

Ich glaub, ich mag Fliegen nicht, weil es mich an Achterbahnfahren erinnert, und das Gefühl hasse ich auch. Im Freizeitpark war ich immer die, die vor dem Karussell auf alle Jacken und Taschen aufgepasst hat. Ich war die, die immer in Geisterbahnen und so 'nen langweiligen Scheiß wollte. Ich war die, wegen der sie mal eine ganze Fahrt abbrechen mussten, weil sich ein vermeintliches Kino in eine Achterbahn im Dunkeln verwandelte und ich einen Nervenzusammenbruch bekam. So peinlich.

Aber nichts kann mich aufhalten, mir die Welt anzusehen. Auch nicht meine Flugangst. Denn das, was ich erlebe, überwiegt jedes Mal.

Anderen geht's anscheinend nicht so. Schaut man sich zum Beispiel bei Instagram ein bisschen um, und sei es nur im Freundeskreis, bekommt man ganz schnell das Gefühl, richtig verreist ist nur, wer es auch in möglichst atemberaubenden

Fotos dokumentieren kann. Persönliche Eindrücke und Kontakt mit den Menschen vor Ort zählen nicht, viele schauen nicht mehr darauf, was sie selbst interessiert und bereichert, sondern nur danach, welche Ziele möglichst beeindruckend wirken. Reisen ist zum Statussymbol geworden, Länder werden gesammelt und abgehakt – und wer nicht mithalten kann, fühlt sich uncool.

Ich versuche hier mal, dir ein paar Geschichten meiner Reisen zu erzählen, ohne auf diesen Fame-Zug auszuspringen, sondern alles so zu schildern, wie es in dem Moment auf mich gewirkt hat. Und ob du anschließend Lust hast, selbst dorthin zu reisen – oder überhaupt zu reisen –, das musst du selbst entscheiden. Schließlich mag auch nicht jeder Bockwurst …

Holland

Und alle so: »Hä?«
Leute, ich liebe die Niederlande[4]. Ich liebe es, dort zu sein. Ich habe schon immer in der Nähe der Grenze zu Holland gewohnt, was es natürlich supereasy gemacht hat, dorthin zu fahren.
Städte wie Amsterdam oder Scheveningen habe ich schon total oft besucht.
Ich finde, dort gibt es ein ganz besonderes Flair. Alles sieht irgendwie immer so niedlich aus. Außer der Sprache, die find ich so ekelhaft. Sorry, aber was soll das? Ich habe gehört, dass »hübsche Brüste« auf Holländisch »lekkere borsten« heißt. Ich möchte nicht weiter darüber reden, vielleicht auch,

---

[4] So heißt das Land korrekt, Holland ist nur ein Teil davon und Holländisch eigentlich ein Dialekt. #klugscheißeralarm
Wie 99,973 Prozent aller Deutschen habe auch ich mir aber angewöhnt, grundsätzlich von Holland zu reden, also verzeih …

weil ich nicht aufhören kann, darüber zu lachen. Das muss jemand erfunden haben, der auf zu viel Käse hängen geblieben ist.

Obwohl, ich liebe es, wenn Holländer deutsch reden. Das kann ich übrigens perfekt nachmachen. In einer Arbeitswoche für *Das perfekte Dinner* habe ich mal die ganze Woche so geredet. Als wir den Kandidaten am Ende gesagt haben, dass ich gar nicht aus Holland komme, waren sie sehr verwirrt.

Und sogar echte Holländer kaufen es mir ab, wenn ich Deutsch mit holländischem Akzent spreche.

Die haben auch so ekelhafte Bezeichnungen für Essen. Bacon ist so lecker. Weißt du, wie die den nennen? Speklapjes. Ich würde nie mehr Speck essen, wenn hier auf der Verpackung SPEKLAPJES stehen würde. Deswegen esse ich in Holland auch lieber Käse statt Speck! Und alles, was frittiert ist. Darauf steh ich leider auch.

Generell gefällt es mir in einem Land immer besonders gut, wenn mir das Essen gefällt. Boaaa, lass mal nach Holland und ein paar Bitterballen snacken. Yummi. Dazu den berühmten dickflüssigen Kakao und dann den Schoko-/Vanillepudding hinterher. Aber dann noch mal kurz ein Stück Käse, weil ich Essen ja immer herzhaft beenden muss.

Die Holländer haben also leckeres Essen, das zwar etwas ungesund ist, aber egal. Und sie haben süße Städte, und sie haben Meer! Definitiv ein Happy Place von mir.

Ich glaube, wenn ich mir aussuchen müsste, welche Art Blog mir am besten gefällt, wären es Reiseblogs.

Generell finde ich Social Media total geil, wenn es ums Reisen geht. Ich habe so viel Inspiration bekommen, was meine Reiseziele angeht. Und da lob ich wirklich die Arbeit dieser Influencer.

Aber hey, klar, gibt es auch da Dinge, die mich aufregen. Nämlich jene, die nur Ziele und Unterkünfte präsentieren, die man sich als Normalreisender nicht leisten kann. Die hausen dann in noblen 29-Sterne-Hotels mit eigenem Pool und 5-Etagen-Suite. Nee, is klar.

Ich geh dann mal in mein 3-Sterne-Hotel. Wo ich nur ein Bett im Zimmer habe, das hart ist wie Stein.

Aber weißt du was? Glücklich bin ich dann trotzdem. Luxus ist auch toll, keine Frage. Aber das ist mir auf Reisen nicht so wichtig. Wichtiger ist mir, das Land in all seinen Facetten zu spüren.

'Nen Urlaub geschenkt bekommen habe ich übrigens noch nie. Alle meine Reisen habe ich selbst bezahlt. #sheworkshardforthemoney

Thailand

Meinen ersten Urlaub außerhalb von Europa verbrachte ich mit meiner Familie in Thailand. Ganz genau in Rawai, einem kleinen Fischerdörfchen in der Nähe von Phuket. Wir haben dort zwar nicht den berühmt-berüchtigten Rumreise-Backpacker-Urlaub gemacht, aber eine krasse Erfahrung und ein kleines Abenteuer war es trotzdem.

Das Erste, was einen trifft, wenn man nach Thailand kommt, ist die Luftfeuchtigkeit. Meine Haare waren relativ glatt beim Flug, aber als ich den Flughafen von Phuket verließ, fühlte sich mein Kopf an wie Popcorn. Oder als hätte jemand an meinem Kopf eine Reißleine gezogen. PLOPPP, und die Matte war lockig wie noch nie in meinem Leben. Geil.

Ich muss schon sagen, die ersten Eindrücke, die ich so sammeln konnte, haben mich eher traurig gemacht. Auf dem Weg zum Hotel sah man viele heruntergekommene Hütten und viel Schmutz. Trotzdem hatte ich das Gefühl, die Menschen dort sind nicht unglücklich.

Wir haben während unseres Urlaubs versucht, viel Kontakt zu Einheimischen zu kriegen, und ich liebe den Spirit der Thais. Sehr relaxed und höflich.

Meine Empfehlung für einen erlebnisreichen Urlaub ist definitiv, nicht nur im Hotel abzuhängen. Ich buche eigentlich immer nur Frühstück, damit man zum Abendessen auf Erkundungstour gehen muss. Und so haben wir es dort auch gemacht.

Ich saß an den süßesten Strandküchen, wo es frisch gefangenen Fisch gab, der köstlicher nicht hätte sein können. Meine Mama ist zwar einmal fast kaputtgegangen, weil sie grünes Curry bestellt hat, aber rückblickend war auch das eine Erfahrung. Ihr Kopf war so rot wie die Feuerwehr. »Little bit spicy« kann dir da drüben schon mal schnell die Schuhe ausziehen. War auch a little bit witzig.

Um vom Fleck zu kommen, haben wir uns übrigens Roller gemietet, das schon von Deutschland aus. Die haben sie uns dann sogar zum Hotel gebracht. Mega entspannt. Vorher bin ich noch nie Roller gefahren, aber ich wollte trotzdem meinen eigenen zum Cruisen. Und es hat auch eigentlich ganz gut funktioniert. Die einzige Hürde dabei war der Linksverkehr. Mann, ich habe eine leichte Rechts-Links-Schwäche. Und das hat mich dann irgendwie noch mehr durcheinandergebracht. Es musste immer jemand vor mir fahren, damit ich nicht auf die falsche Spur abbiege. Das Fahren ging ganz gut, bis ich wieder absteigen musste, dabei hat es mich nämlich jedes Mal fast aufs Maul gelegt.

Die wohl coolste Story passierte, als wir einfach ziellos über die Insel fuhren. Am Straßenrand entdeckten wir plötzlich ein dreistöckiges Baumhaus. Das ist ja wohl der Traum jedes Kindes, ach, was laber ich, jedes Menschen!

Wir hielten an und schauten uns um. Auf drei Etagen, die komplett offen waren, umgeben von Dschungel, war alles, was man so brauchte. Schlafplätze, eine Hängematte, eine provisorische Küche und auch ein Schlagzeug. Man weiß ja nie. Da wir absolut keine Ahnung hatten, wo wir da gelandet waren, riefen wir, um uns bemerkbar zu machen.

Plötzlich kam uns ein kleingewachsener thailändischer Rastafari mit einem breiten Lächeln entgegen. An seiner Hand ein kleines zuckersüßes Kind! Er begrüßte uns superherzlich und fragte, ob wir »rein«kommen wollten. Das ließ ich mir nicht zweimal sagen und kletterte im Baumhaus herum, als mir plötzlich ein Äffchen begegnete. Ein echtes kleines Äffchen! Ich glaub, ich habe vor Freude so sehr gequietscht, dass der Thairasta dachte, ich bin völlig durch!

Zum Glück war meine restliche Familie da, um sich mit dem Hausherrn zu unterhalten. Ich hatte nämlich nur noch Augen für dieses kleine Babyäffchen! Bis es frech wurde! Es zog an meinen Haaren. Tat hammerweh, aber hey, ich hatte einen Affen auf der Schulter, und deswegen hätte er mir auch alle Haare ausreißen können, mir egal!

Dieser Baumhaustyp hatte dann auch noch einen Kühlschrank und bot mir was zu trinken an. Na ja, die Flasche war ziemlich schnell weg, denn mein neuer Freund, das Äffchen, hat sie mir abgezogen, nachdem es mir eine geklatscht hatte. Ich schaute es trotzdem verliebt an. Es war okay, denn ohhhh mein Gott, es war ein echtes Äffchen!! Ich wiederhole mich. So fühlt man sich bestimmt, wenn man mit einem Fuckboy zusammen ist! Hahaha! Es hätte alles mit mir machen können, und ich wäre niemals sauer auf es gewesen. Ich liebe Tiere nämlich. Soooo sehr. Es hopste mit meiner Flasche in den Dschungel. Tschüss Getränk, aber hallo Glückseligkeit.

Nachdem ich mich dann beruhigt hatte, fragte unser neuer Baumhausfreund, ob er uns eine schöne Stelle im Dschungel zeigen soll. Rückblickend war das auch ein bisschen gefährlich. Ich denk mir immer, was wäre, wenn der uns verschleppt hätte ...? Aber no risk, no fun. Ich glaube an das Gute im Menschen. Und es hat sich gelohnt.

Nachdem er uns über einen geheimen Pfad durchs Dickicht, vorbei an Riesenameisen und so knallbunten Pflanzen geführt hatte, kamen wir an einer Steinbucht an mit einem Blick, den ihr euch nicht vorstellen könnt. Das Meer vor einem, der Rand des Dschungels hinter einem. Wir auf einem riesigen Felsvorsprung, ein Babywasserfall an der Seite ... Ich könnte heulen, wenn ich daran denke. Da hat er uns dann allein gelassen, damit wir die Aussicht genießen konnten. So ein lieber Mensch.

Nachdem wir dann schweren Herzens wieder zurück zum Baumhaus gegangen waren, bedankten wir uns und ließen ihm zum Dank für dieses tolle Erlebnis etwas Geld dort. Denn er lebte echt am Waldrand mit seiner Frau, die gerade schwanger war, und einem Kleinkind. Wir wollten irgendwas zurückgeben, und er hat sich wirklich sehr gefreut. Eines der tollsten Urlaubserlebnisse, die ich jemals hatte.

An einem Abend wollte ich einfach mal allein los, schnappte mir den Roller und fuhr, als ich plötzlich zu meiner Rechten sechs Elefanten sah. Echt, ich dachte mir: »Nee, komm, der Affe war echt schon zu viel, aber jetzt sind da echt Elefanten.« So wie Kühe, auf einer Rieeesenweide, ganz ohne Zaun. Wollt ihr mich alle fertigmachen? Ich hielt an und ich glaub, ich habe eine halbe Stunde einfach nur dagestanden und hab geguckt. Die Elefanten chillten ganz entspannt auf der Wiese und sie hatten ein Baby. Mein Herz schmolz. Als mir plötzlich eine kleine Frau ins Ohr schrie und mich aus meinem Film riss: »Rescueeeeee!« Ich hab sie fast geschlagen, weil ich so erschrocken bin. Mit Händen und Füßen konnte ich herausfinden, dass diese Elefanten gerettet worden waren und nun glücklich und ohne Zwang leben durften.

Eine Sache muss ich nämlich noch sagen, wenn wir über Elefanten und Thailand reden: Ihr dürft niemals auf welchen reiten, wenn ihr dort seid, denn diese Tiere werden furchtbar misshandelt, ihr Wille wird gebrochen, und sie werden benutzt, um Geld zu verdienen.

Es gibt dort wunderbare Orte, an denen sie geschützt und in guter Obhut leben können. Aber diese Touristenattraktionen sind einfach nur furchtbar.

Die süße kleine Thaifrau nahm mich an die Hand und führte mich noch näher zu den Elefanten. Genauer gesagt zum Baby. Sie drückte mir eine Banane in die Hand und zeigte auf den Elefanten. Diese Tiere sind so mächtig, aber gleichzeitig strahlen sie so eine Ruhe aus, dass man keine Angst vor ihrer Größe haben muss. Zumindest habe ich mich zu keiner Zeit bedroht gefühlt.

Der Babyelefant kam angetrottet und nahm mir ganz sanft die Banane aus der Hand. Ich sterbe ... Es war das Süßeste, was ich jemals gesehen hatte. Ab diesem Zeitpunkt fuhr ich einmal am Tag dorthin und brachte Obst für die Elefanten mit.

Ich muss dahin zurück. Zum Glück ist mein nächster Thailand-Urlaub schon gebucht. So viel Glück, wie dieses Land mir in so kurzer Zeit gegeben hat, ist wirklich absolut unfassbar. Du musst dahin!

Ich werde aber auch das Gefühl nicht los, das viele nur reisen, um damit angeben zu können, dass sie reisen. Nicht weil sie es wirklich lieben.

Mitläufermodus. Reisen hat heutzutage auf jeden Fall auch was von einem Statussymbol. Und wo lässt sich das besser präsentieren als auf Social Media. »Seht her, wo ich schon wieder hinfliege.«

Ich teile in den meisten Fällen relativ wenig von meinen Urlauben, und falls doch, geschieht das sehr bewusst. Meistens versuche ich, mein Handy wegzupacken, dafür nehme ich mir aber meistens einen Tag, an dem ich im Urlaub dann Content produziere. Das mache ich irgendwie auch für mein Gewissen. Denn wie du ja weißt, schläft die Arbeit bei mir nie.

Malediven

Kommen wir vom kompletten Abenteuer zur völligen Entschleunigung. Die Malediven. Das war so ein Ort, den hatte ich auf dem Schirm, seit ich klein war. Geschürt wurde das Ganze durch zahlreiche Blogger, die dahin eingeladen werden wie die Motten zum Licht.
Da ich nicht eingeladen wurde, wusste ich, dass es 'n relativ teures Abenteuer werden sollte.
Aber ich steh einfach total auf dieses paradiesische Flair.
Kurzer Einschub:
Ich hab übrigens noch nie einen Winterurlaub gemacht. Also so richtig in den Bergen mit Schnee. Da müsste man mich wahrscheinlich zwingen. Denn ich würde IMMER Strand und Sonnenschein vorziehen. Ich bin ein echter Sonnenanbeter. Meine Mama und meine Schwester übrigens auch. Meine Mama ist mein bester Reisebuddy. Nur mit meinem Freund ist's genauso unkompliziert wie mit ihr. Meiner Mama muss man nur sagen, wohin, und sie ist bei allen Schandtaten dabei. Ich liebe es so sehr, mit ihr die Welt zu sehen. Und genau deswegen lade ich sie einmal im Jahr zu einem fetten Urlaub ein. Diese Zeit mit ihr ist die allertollste, gestritten haben wir uns noch nie.

Ich bin immer der Organisator, das liegt mir nämlich total. Ich suche alles raus, was wir erleben müssen, ich buche eine Karre, sie fährt, und ich navigiere uns zu den traumhaften Plätzen. Vor einem Urlaub stöbere ich wochenlang alle Infos durch, die man kriegen kann, und bin vor Ort superinformiert. Ich mag das soooo gerne.

Die besten Tipps bekommt man übrigens von Einheimischen. Seid euch nie zu schade zu fragen und folgt nicht immer dem Touristenguide.

Zurück zu den Malediven. Auch dahin habe ich meine liebe Mami eingeladen, und auch meine Schwester, denn ich wollte nicht, dass sie traurig ist, wenn ich immer mit Mama allein fahre. Wir haben nicht den ultimativen Blogger-Fünf-Sterne-Resort-Urlaub gemacht, weil es einfach zu teuer war. Aber wir haben total toll auf einer Insel in der Nähe von Male gewohnt, Bandos. Und das zu einem Preis, der echt klarging.

Ich spare tatsächlich sehr viel Geld für diese Urlaube, weil ich in nichts lieber investiere als in Erinnerungen und Erlebnisse mit meinen Lieben. Mein Trick ist immer, alles getrennt zu buchen. Ich vergleiche wochenlang Preise, bis ich das beste Angebot buche!

Wusstest du, dass Reisen an den falschen Tagen megateuer ist? Buche deine Reise am besten für Dienstag, Mittwoch und Samstag, das sind gute Tage, um zu fliegen. Langstrecken buchst du generell am besten im November, Dezember, Januar. Da sind die Preise schön niedrig ...

Außerdem solltest du ein bisschen flexibel mit deiner Flughafenauswahl sein. Megaoft gibt's ja noch das »Zug zum Flug«-Ticket, und du kannst dafür viel günstiger fliegen.

Laut einem Reiseportal ist außerdem Donnerstag, statistisch gesehen, der beste Tag, um günstig Flüge zu buchen!
Ich bin ja eher ein Spontanbucher, da ich nie genau weiß, was gerade in meinem Leben passiert. 20 Tage vor Reiseantritt ist die zweitgünstigste Möglichkeit, um den Urlaub einzutüten. Noch besser kommst du aber davon, wenn du so ein Jahr vorher buchst. Für mich aber unmöglich.
Noch ein megacooler Tipp sind Gabelflüge! Teile deinen Urlaub auf, und du erlebst mehr und fliegst günstiger.
Eine Route, die ich noch fliegen will, ist Deutschland – New York – Bahamas.
Oder Deutschland – Dubai – Sri Lanka – Malediven.
Solche Kombis kann man sich wie wild zusammenstellen, und ich bleib jedes Mal hängen, wie günstig das dann ist!
Ach, noch was. Wenn du kannst, reise mit Handgepäck! In diese Handgepäckskoffer passt wirklich genug für eine Woche rein. Es ist auch schwer für mich, denn normalerweise kann ich mit meinem Koffer, der für eine Woche gepackt werden soll, circa drei Jahre auf Weltreise gehen, aber es lohnt sich total, mal kurz klarzukommen und zu realisieren, dass man gar nicht so viel braucht.
Den Malediven-Urlaub habe ich übrigens ungefähr einen Monat vor Reiseantritt gebucht.

So viel kann ich dazu gar nicht erzählen, weil es nicht so viel dort gibt.
Die Malediven sind wie ich – eine Bockwurst. Du weißt, was du bestellt hast, und genau das bekommst du auch. Weißer Strand, blauestes Wasser und sonst nix!
Ich würde jedem empfehlen, dort mal hinzufahren, um komplett abzuschalten. Und ja, es sieht wirklich so aus wie auf den Bildern. Ich habe ein paarmal am Wasser gestanden und hab gedacht: »Das kann doch nicht echt sein«, so schön war es.

Wirklich was zu erleben gibt es da aber nicht. Und deswegen würde ich empfehlen, dort nicht länger als eine Woche zu bleiben. Nach fünf Tagen hat mein Abenteuerherz einen kleinen Inselkoller bekommen. Man befindet sich nämlich meist nur auf der Insel, auf der das Hotel ist, und sonst nix.

Versteh mich nicht falsch, es war einer der bezauberndsten Orte, die ich jemals sah. Aber ein bisschen mehr Action brauche ich dann doch.

Weil meiner Schwester, meiner Mama und mir dann irgendwann langweilig war, haben wir ein Spiel erfunden. Wir nannten es »Good Night«. Immer wenn jemand dir eine gute Nacht wünscht, musst du auf der Stelle umkippen und in einen tiefen Schlaf fallen. Wir haben es beim Essen gespielt, beim Strandspaziergang, am Flughafen in der Schlange. Es war einfach mega witzig.

Auch wenn's dort eher ruhig war, würde ich gern wieder hin. Denn schließlich umfassen die Malediven so circa 300 Inseln. Da kann man sich ja auch mal an einem anderen Fleckchen ausruhen, ne?!

Italien: Tropea – Rom – Venedig

Ich glaube, in kein Land habe ich mich so schnell verliebt wie in Italien. Bella Italia.

Ganz lang habe ich geglaubt, ich muss weit weg, um mein Reiseglück zu finden. Aber dann war ich plötzlich in Kalabrien. Genauer in Tropea. So was Schönes und vor allem Leckeres ist mir lang nicht untergekommen.

Die Italiener haben mich sowieso schon wegen ihrer schönen Sprache, und dem Essen! Ich meine, HALLLOOO?!

Die sind die gottverdammten Lebensmittelbabos. Die haben Pasta, Pizza, die haben Mozzarella, die haben Pesto, Lasagne, die haben Tiramisu, die haben Vitello tonnato ... ich könnte ewig so weitermachen. Sie haben einfach gewonnen.

Und dazu haben sie noch wunderbare Strände und Städte. Ich war auch schon in Rom, und bin noch nie so auf Architektur kleben geblieben wie dort. Kann mir jemand erklären, wieso die damals so krasse Bauten wie das Kolosseum geschaffen haben und mein Wohnhaus jetzt genauso sehr ein Kunstwerk ist wie mein Popel?

Wahnsinn. Auch Venedig. So was Romantisches ist mir noch nie untergekommen. Manchmal ist's da schon so kitschig, dass ich gern gekotzt hätte. Diese Gondeln und das Wasser und hach, schöööön.

Da ist mir übrigens auch was Witziges passiert. Beim ersten Mal war ich mit meinem Freund in Venedig. Wir waren noch relativ frisch zusammen, und es sollte unser erster gemeinsamer Trip sein.

Eines Abends machten wir uns schick und wollten einen Drink in einer coolen Bar nehmen. Wir suchten und suchten und stießen schließlich auf einen Laden, der wirklich rappelvoll war. Auf gut Glück gingen wir rein, und obwohl bestimmt 20 Menschen warteten, bekamen wir sofort einen Platz. Komisch. Ein Pianist mit weißem, wallendem Haar spielte jazzige und romantische Musik, und wir genehmigten uns einen Drink.

Plötzlich brachte der Kellner zwei neue Drinks. »Nee, wir haben gar nichts bestellt«, sagten wir, aber der Kellner warf nur seinen Kopf zur Seite, und uns winkte ein Typ von der Bar zu. Haben wir grad echt einen ausgegeben bekommen? Komisch. Aber geil!

Wir unterhielten uns, und mir fiel auf, dass besonders einige Männer ein Auge auf meinen Freund geworfen hatten. »Lustig«, dachte ich.

Plötzlich gingen die Lichter aus, und die Pianomusik verstummte. Der Typ, er war schätzungsweise Ende 50, der gerade noch auf Beethoven gemacht hatte, zog plötzlich riesige Kopfhörer auf und holte ein DJ-Pult unter dem Klavier hervor. Diskolichter blinkten auf, der Soundtrack des Films *Grease* erklang. Alle tanzten. Ich tanz ja auch gern, also ließ ich mich von einem offensichtlich schwulen Boy zum Tanzen mitnehmen. Derweil konnte ich im Augenwinkel beobachten, wie sich immer mehr Männer um meinen Freund versammelten. Und dann fiel der Groschen. Ich schaute mich um und raffte es dann schlagartig! Wir waren in einer Schwulenbar gelandet.

Ich musste so lachen und sagte meinem Freund, den ich kaum aus der Männertraube befreien konnte, dass er sich mal kurz umschauen solle. »Was fällt dir auf, Schatz?« ... Es fiel ihm wie Schuppen von den Augen.

Es war einfach nur zu lustig, und wir hatten echt eine gute Zeit. Vor allem weil wir dank meines Freundes eine ganze Reihe free Drinks bekamen. Ich tanzte mit einem Ägypter, der sich supergrazil und anmutig bewegen konnte. Mein Freund unterhielt sich derweil mit dem Typen, der uns den Drink ausgegeben hatte. Plötzlich sah ich im Augenwinkel, wie er auf mich zuschnellte und mich meinem Tanzpartner entriss.

»Schatz, was ist los? Die sind hier alle schwul, keine Sorge, der macht mich nicht an«, sagte ich. Und er sagte nur: »Der Ägypter aber nicht.«

Und tatsächlich war er gar nicht schwul ... Hupps!

Ab da tanzte ich nur noch mit meinem Freund. Total voll stolzierten wir sehr spät aus der Bar, die zu einem Club geworden war, und fielen supergut gelaunt in die Heia.

Danke, Italien. Du bist cool!

Griechenland

Ein weiteres europäisches Land, das ich kennenlernen durfte, ist Griechenland, Malaka. Bis jetzt war ich nur auf Kreta, aber bald fliege ich noch nach Kos.

Wenn du mal auf Kreta bist, schau dir unbedingt den Strand Elafonisi an. Der schimmert einfach mal rosa. Und ganz ehrlich, das Wasser war genauso blau und schön wie in der Karibik.

Und hach, essen kann man da ja auch so toll! Mein liebstes griechisches Gericht ist Moussaka. Musst du unbedingt probieren. Hammer.

Haha, oh Mann, irgendwie sind das keine richtigen Reisetipps, sondern nur Fresstipps. Sorry.

Mexiko

Die Reise nach Mexiko war die erste, die ich meiner Mama geschenkt habe. Ich habe so ein megageiles Angebot gefunden, für 350 Euro pro Person. Das Hotel war superschäbig, aber das ist mir total egal. Solang ich dort duschen kann und das Bett okay und sauber ist, kannst du mich überall reinstecken (that's what she said). Man ist doch eh fast nie im Hotel, wenn man was erleben will, wozu also Geld aus dem Fenster werfen für einen Luxustempel?

Unsere Ranzkaschemme hatten wir in Cancun. Wir haben vorher schon gehört, dass es dort auch mal gefährlich werden kann. Haben wir dann auch relativ schnell gemerkt, denn in unserem Hotel gab's eine Schießerei, als wir gerade auf einer anderen Insel am Strand lagen. Touristen seien aber zu keiner Zeit gefährdet gewesen. War trotzdem ein komisches Gefühl, dass 15 Polizei-Pick-ups mit maskierten, bewaffneten Polizisten bei uns rumfuhren. Ach, hatte ich erwähnt, dass die auch noch

Hunde dabeihatten? Wir haben uns gefühlt wie in einem Actionfilm, aber Angst hatten wir zu keinem Zeitpunkt.

Kommen wir zu den schönen Seiten von Mexiko! Dem Essen, hahaha. Nein, Spaß. Okay, doch.

Aber ich wollte erst was über unsere Erfahrungen dort erzählen. Wir haben da, glaub ich, das Paradies gefunden. Die Strände unmittelbar in Cancun haben uns nämlich nicht gefallen. Das waren alles so Strände mit Hotels drum herum. Also haben wir für ein paar Euro eine Fähre zur nächsten Insel genommen: Isla Mujeres. Die Insel der Frauen. Leider waren da aber auch Männer. Haha. Ein superschöner, ruhiger Ort mit einem traumhaften Strand. Da diese Insel nur 20 Minuten mit der Fähre entfernt lag, sind wir fast jeden Tag hingefahren.

Dort ist übrigens mein erstes richtig virales Video entstanden: »Figurentrends«.

Was ich an Mexiko so geliebt habe, ist die Mentalität der Menschen. Die haben Musik im Blut. Überall läuft was, alle tanzen. In Cancun im Park haben sich fremde Menschen getroffen, um einfach gemeinsam Salsa zu tanzen, und jeder, der wollte, konnte mitmachen. So was würde ich mir in Deutschland auch mal wünschen.

Oder Hunderte Menschen trafen sich auf einem Platz, um gemeinsam Zumba zu machen. Wir haben natürlich direkt mitgemacht. Das Gefühl, mit so vielen Leuten zu tanzen, ist wunderschön.

Und einmal, ja, da habe ich mich geschämt. Wegen Mama. Die Alte ist echt verrückt! Wir waren superschick und saßen in einem mexikanischen Restaurant. Wir mussten noch etwas auf unser Essen warten, und da meine Mama raucht, ging sie kurz raus. Das Restaurant war riesig und wirklich rappelvoll.

Plötzlich hörte ich unfassbar schlimme Gitarrensounds von draußen und dachte mir noch: »Welcher Vollidiot misshandelt dieses Instrument gerade so?« Als ich dann plötzlich dazu auch noch in Fantasiesprache gebrüllten Gesang wahrnahm, war mir alles klar. Ich habe mich nicht getraut, zur Seite zu gucken, aber ich machte es trotzdem. Meine Mama stand vor dem Restaurant, das komplett offen war, bei einer mexikanischen Musiktruppe. Sie hatte dem Leadsänger seine Gitarre abgenommen und schrie: »Ey tashi, schalallalwooowoowoiwu madalajshsbskk, guck mal ... llalala«, das ganze Restaurant starrte sie wie eingefroren an. Hoffentlich merkt keiner, dass ich mit der hier bin. Aber dann wieder: »Natashaaaaa, hijlooookajjsjsjaj schubawajaja, guck doch mal!«

Es war mir so unangenehm. Ich wäre am liebsten im Boden versunken. Aber genau dafür liebe ich sie ja auch. Nur nicht in dem Moment. Da wollte ich ihr irgendwie gerne die Gitarre abnehmen und fragen, was denn mit ihr nicht stimmt.

In Tulum waren wir übrigens auch, aber leider nur einen Tag. Dabei wäre mein Tipp, dass ihr, wenn das in einem Land gut geht, auf eigene Faust plant herumzureisen. Diese Tourireisen sind meist wirklich mega überteuert. Informiert haben wir uns natürlich trotzdem. Die Fahrt von Cancun nach Tulum hätte 100 Euro pro Person gekostet, wenn wir uns für so eine Reiseveranstaltung entschieden hätten. Ich habe dann aber einfach eine Busverbindung rausgesucht, die auch die Einheimischen nehmen, und so haben wir nur 11 Euro pro Ticket bezahlt. Der Bus war auch so ein Reisebus mit Klimaanlage. Man muss manchmal einfach die Angst gehen lassen.

Ich finde übrigens, dass Social Media bei Reisen mega helfen kann. Ich lese total gerne Reiseblogs, um mir Inspirationen zu holen. Superwertvoller Content. Aber teilweise leider auch gefährlich.

Deswegen muss man aufpassen, welche Tipps man postet. Denn es ist schon vorgekommen, dass kleine Dörfer, die vorher glücklich und zufrieden existierten, nun von komplett wahnsinnigen Insta-Hotspot-Suchties heimgesucht werden.

Die meisten Tipps, die mich interessieren, sind auch eher Fortbewegung, wie verhalte ich mich in einem Land und was muss ich unbedingt essen. Die geheimen Hotspots will ich selbst erkunden und entdecken.

Wegen meiner Reiseliebe habe ich übrigens eine kleine Palme auf meinem rechten Knöchel tätowiert. Die habe ich mir sogar in Mexiko stechen lassen. Meine Mama hat mich so ausgelacht, weil ich Weichei mal wieder so rumgeheult hab beim Stechen. Aber am Ende zählt ja nur, dass ich's durchgezogen hab.

Schön. Dahin will ich auf jeden Fall auch noch mal zurück.

Dominikanische Republik

In der Dominikanischen Republik habe ich vor ein paar Jahren mit meinen Girls eine richtig solide All-inclusive-Reise gemacht. Auch wenn das eigentlich so total gegen meine Vorstellungen ist, war's meganice.

Wir wollten halt den ganzen Tag Cocktails trinken, essen und am Meer abhängen, und dafür war's echt super.

Trotzdem haben wir natürlich auch ein bisschen die Gegend erkundet. Die schönsten Orte, die wir besucht haben, waren die Insel Saona und die Stadt Samaná. Beides wirklich wie aus dem Bilderbuch.

Ich weiß noch, wie es fürchterlich anfing zu regnen, als wir auf Saona ankamen. Erst waren wir supergeknickt, haben uns dann aber megaschnell dafür entschieden, das Beste aus der Situation zu machen. Wir rannten im strömenden Regen ins Meer und hatten so eine wunderschöne Zeit. Als der Regen sich verzog, sind wir auch weitergezogen, und ich konnte das erste Mal einen echten lebenden Seestern im Meer anschauen.

Ich komm bei so Trips nie darauf klar, wie wunderschön die Natur sein kann. Im Zuge dessen wird mir auch immer wieder bewusst, wie sehr wir auf unsere Umwelt achten müssen! Ich will hier keinen ewigen Vortrag halten. Aber ich bin oft schockiert, wie zum Beispiel die Strände aussehen. Deswegen verlassen meine Mama und ich nie einen Strand, ohne etwas Plastik, das von anderen hinterlassen wurde, mitzunehmen und wegzuschmeißen.

Wir haben nur diese eine wunderbare Welt, lasst uns ein bisschen mehr auf sie aufpassen.

Ach, und in der Dom Rep hab ich übrigens auch so richtig aufs Maul bekommen. Ja, echt. Es hat ordentlich geklatscht (that's what she said).

Ich habe mich von meiner Freundin überreden lassen, mich auf so ein Scheißgummiboot zu setzen, das von einem Jetski gezogen wurde. »Das wird lustig«, haben sie gesagt. Ich möchte kurz beschreiben, wie lustig es für mich war: Erst mal haben wir unfassbar hässliche und beklemmende rote Schwimmwesten bekommen. Ich sah aus wie ein vollgesaugter Tampon. Toll.

Das Gerät, wo wir draufsollten, war wie eine riesige Couch. Wir mussten uns reinsetzen und konnten uns links und rechts festhalten.

Als ich den Typen gesehen habe, der diesen Jetski fahren sollte, dachte ich schon: »Ach du Kacke.« Ich hab in seinen Augen gesehen, dass er den Ehrgeiz hatte, uns zu zerstören. Ich bin mir sicher, in seiner Freizeit versucht er, die Weltherrschaft an sich zu reißen.

Es ging locker los. Er fuhr. Wir lachten. Irgendwann merkte ich aber, fuck ... ich bin ein Schwachlappen. Mir fiel es zunehmend schwerer, gegen die Fliehkräfte, die auf uns wirkten, anzukämpfen. Hätte ich beim Buffet die letzten Tage einfach mal weniger gegessen, Mann. Ich bin schwer.

Ich schrie durch den Wind: »Stopp!«

Der Jetski-Typ schaute zu uns, lachte diabolisch und fuhr mindestens 35 Schleifen. Ich hab mich gefühlt wie Salat in der Salatschleuder. Wir schrien, er solle anhalten, er gab natürlich, rücksichtsvoll, wie er war, noch mehr Gas. Dieser asoziale Vollidiot. Plötzlich spürte ich nur, dass mein Körper nicht mehr auf dem Sofa war. Er flog ... in hohem Bogen. Bis ich schließlich wie ein nasser Lappen auf die Wasseroberfläche traf. PADOOOWWW. Habe ich mir eine Rippe gebrochen? Ich weiß es nicht. Ist mir beim Flug mein Arm abgerissen, der sich noch immer krampfhaft an dieser Scheißcouch festhält? Man munkelt. Aber hey, zum Glück schwamm ich an der Oberfläche, dank meines umgeschnallten Tampons. Ich wollte heulen. Und dieser Typ lachte. Ich schrie, dass ich ihn hasse. Meine Freundin lachte irgendwie auch. War ich also wieder der Übertreiber? Ich denke nicht. Okay, ich denke schon. Es war schlimm. Ich mach es nie wieder.

Darauf erst mal ein Gang zum Buffet. All in, motherfucker. Und ich war jetzt auf jeden Fall broke am Körper. Schön. Danke, Dominikanische Republik.

Diese Erfahrungen in den verschiedenen Ländern lassen mich einfach die Realität spüren. Ich lege mein Telefon die meiste Zeit zur Seite und spüre den Boden unter meinen Füßen. Ertaste die Welt mit meinen Augen und nicht durch die Kamera meines Handys. Ich brauche das. Es erdet mich einfach.

Frankreich – Korsika

Ich muss zu Beginn loswerden, dass ich nicht verstehen kann, wieso so viele Menschen die französische Sprache so schön finden. Für mich hört es sich an wie arrogantes Nuschel-Gesäusel. Deswegen habe ich diese Sprache in meinem Leben von

Beginn an kategorisch abgelehnt. In der Schule habe ich statt Französisch Wirtschaft gewählt. Und Wirtschaft finde ich auch mega scheiße. Jetzt weißt du, wie ernst ich das meine.

Ich habe bis vor Kurzem auch nie Urlaub dort gemacht. Aber ich muss gestehen, seit ich ein paarmal dort war, finde ich die Sprache doch nicht mehr so schlimm. Aber schön ist definitiv anders.

Also, mon petit bébé, ich war die letzten Jahre mit der Familie meines Freundes auf Korsika, alle sprechen übrigens nahezu perfektes Französisch. Diese Insel ist einfach nur traumhaft. Ein echtes Paradies.

Wir hausen dort immer in einem kleinen Dörfchen am Hafen namens Propriano. Ich bin richtig glücklich, dass ich mit ihnen dort sein durfte. Das hat definitiv mein Bild von Frankreich verändert.

Das Einzige, was mir in diesem Land halt superunangenehm ist, ist zu sprechen. Fahre ich in ein neues Land, lerne ich grundsätzlich die wichtigsten Sätze in der Landessprache:

Guten Tag!

Ich würde gerne dies und das bestellen.

Wo kann man gut essen?

Ich heiße Natasha und habe Hunger.

So was halt.

Ich finde, das ist einfach respektvoll. Und selbst wenn man's nicht richtig ausspricht, freuen sich die Einheimischen mehr, als wenn man direkt mit Englisch um die Ecke kommt.

Am allerschlimmsten finde ich ja immer Deutsche, die sich konsequent weigern, sich anzupassen. Die bestellen dann kackendreist auf Deutsch, und wenn der Kellner es nicht versteht, sprechen sie einfach lauter und wiederholen es noch mal. Herr, lass Hirn regnen. Ich habe das bestimmt schon fünf bis sechs Mal im Ausland mitbekommen. Und immer nur von Deutschen.

Um die Brücke zu schlagen: In Frankreich rede ich dann halt einfach gar nicht. Wenn ich mit einer Familie zusammen bin, in der alle die Sprache beherrschen, schüchtert mich das massiv ein. Ich tue dann einfach immer so, als wäre ich taubstumm. Und zeige nur auf das Gericht. Richtig dumm. Aber ich versuche, daran zu arbeiten für meinen nächsten Korsika-Aufenthalt. Du solltest wissen, dass Korsika außerdem eh zum Kotzen ist. Zumindest wenn man zwei Stunden mit dem Auto durch die Serpentinen rast. Wow. Es kam über mich. Beziehungsweise aus mir. Das ist nichts für schwache Mägen. Aber schön ist es trotzdem, und zwar überdurchschnittlich schön.

Niederländische Antillen – Curaçao

Mit der Reise auf die Niederländischen Antillen habe ich meine wohl fetteste Überraschung verwirklicht. Meine Mama wurde 50 (also nur im Spiel, weil in echt ist sie ja erst 28 ;-)). Ich weiß, wie sehr sie Reisen und Sonne liebt, und ihr Geburtstag liegt nun mal leider im November. Also dachte ich mir, ich bringe die Sonne zu ihr, indem ich sie einfach in einen Urlaub entführe. Ich liebe es, andere zu überraschen. Und ich glaube, ich habe auch bei allen den Ruf, dass ich immer die allercoolsten und kreativsten Geschenke mache. Es gibt doch nichts Schöneres, als das Gesicht eines Menschen, den du liebst, zu sehen, wenn er komplett vor Freude kleben bleibt.

Das gibt mir so viel Herzensfreude. Ich würde immer vorziehen, Menschen zu beschenken, als selbst beschenkt zu werden. Das ist mir nämlich immer superunangenehm und ich verhalte mich total seltsam, wenn ich ein Geschenk bekomme.

Zurück zu Mamas Geburtstagsüberraschung. Sie startete eine Woche vor ihrem Ehrentag. Sie bekam jeden Tag von mir einen Hinweis über WhatsApp, der auf ihr Geschenk hindeuten sollte. Ein paar Tage vor der geplanten Abreise platzierte ich einen Koffer in ihrem Zuhause und schrieb ihr, sie solle packen, und zwar für den Sommer.

Ihr glaubt nicht, wie aus dem Häuschen sie war. Ihr müsst dazu wissen, meine Mama teilt mit mir die Liebe zu Holland. Und genau deswegen habe ich die Niederländischen Antillen gewählt. Alle Hinweise, die sie dann zur Reise bekam, deuteten darauf hin, dass wir nach Holland fahren. Ich habe sie so in die Irre geführt. An ihrem Geburtstag ging's dann zum Flughafen und zwar zu dem in Amsterdam.

Kurzer Tipp: Wenn ihr auf die Niederländischen Antillen wollt, bucht euren Flug ab einem holländischen Flughafen. Da es sich ja dann quasi um einen Inlandsflug handelt, ist es viel günstiger als von Deutschland aus.

Sie freute sich während der Fahrt so sehr darüber, dass wir bestimmt in Amsterdam bleiben, dass ich schon fast ein schlechtes Gewissen bekam, sie so zu verarschen. Am Flughafen angekommen, gab ich ihr den letzten Tipp. Als der Groschen fiel, rastete sie komplett aus. Denn es ging für uns in die Karibik, die dort aber aussieht, als wäre es Holland.

Tadaaaaaa. Ein Meisterstreich.

Ich hatte vorher noch organisiert, dass unser Hotelzimmer für ihren Geburtstag geschmückt wird, und so war alles perfekt! Ich war so glücklich, und sie sowieso!

Wir hatten dann eine wunderbare Zeit auf Curaçao. Es ist wirklich, als wäre man in den Niederlanden. Das Kurioseste ist, dass dort alle auch Niederländisch sprechen. Und an jeder Ecke gibt's Pommes und frittierte Sachen. Das gepaart mit einem karibischen Meer und Traumstränden ist so eine geile Kombi.

Wir hatten auch richtig Schwein. Denn ich habe einen Strand entdeckt, an dem wilde Schweine wohnten. Ich dachte, das gibt's nur auf den Bahamas, aber das gibt es wohl auch auf Curaçao.

Wir fragten ein paar Einheimische, ob die Schweine gefährlich sind, und sie sagten uns, dass sie total handzahm sind. Jackpot! Ich liebe Schweine und Mama auch. Direkt als wir am Strand ankamen, erwartete uns so 'ne geile Sau. Sie suhlte sich im Schatten im Schlamm. Wir gingen hin, und sie kam auch direkt auf uns zu. Nicht weil sie kuscheln wollte, sondern weil wir Essen in der Hand hatten. Aber egal. Den ganzen Tag verbrachten wir also mit den Schweinen, die echt superzutraulich waren. Aber auch frech. Alles, was sie an Futter wittern konnten, schnappten sie sich auch. Zum Glück hatte ich mich vorher informiert, was Schweine gerne mögen, und hatte etwas dabei. *Do Not Feed the Pigs.*
Das Schild hatte ich dann wohl erst gesehen, nachdem wir den Strand mit absolut leeren Taschen wieder verließen. Ehm ... sorry. Not sorry.
Aber ich muss dazu sagen, dass ein Schwein meine Mama kurz ins Bein gezwickt hat, weil es auch unsere Vorräte für den Tag klauen wollte. Ich glaube, das war mein Spirit Animal. Ich würde mich auch wehren, wenn mir jemand mein Essen wieder wegnehmen will.
Curaçao war also einfach nur saugut. Hab mich dort schweinewohl gefühlt. Okay, reicht.

USA: Miami – Bahamas

Ich bin halb Deutsche und halb Amerikanerin. Als ich klein war, war ich ein paarmal in Amerika. Als Erwachsene jedoch noch nie, bis ich einen Trip nach Miami buchte.
Ich weiß nicht, wie ich's beschreiben soll, aber auch wenn ich in Deutschland geboren und aufgewachsen bin, spüre ich eine tiefe Verbindung zu Amerika. Vielleicht, weil ich so irre bin, wie die da drüben alle sind, haha.

Ich bin zweisprachig aufgewachsen, und immer wenn jemand Englisch spricht, löst das in mir ein Gefühl von Wärme aus. Früher habe ich nebenbei immer die amerikanischen Nachrichtensender laufen lassen, nur um zu hören, wie sie sprechen.

Klar spricht man in anderen Ländern auch Englisch. Aber bis dato war ich noch nie in einem Land, wo meine zweite Sprache wirklich herkommt. Als ich mit meinem Freund am Flughafen in Miami ankam und ich so viele schwarze Menschen sah, die so geil Englisch sprachen, musste ich erst mal weinen. Hier gehöre ich auch hin, und das zeigte mir mein Gefühlsausbruch ganz deutlich. Ich war die ganze Zeit einfach nur fasziniert davon, Englisch zu sprechen.

Ich war angetan von der überschwänglich netten Art der Amis. Und ihrer Energie. Allein auf dem Weg zu unserem Airbnb haben mir drei Frauen im Vorbeigehen gesagt:

»I love your top.«

»Nice shoes.«

»I love your hair.«

Wahnsinn. Viele regen sich ja immer darüber auf, dass die Amis so oberflächlich nett sind. Aber ich muss sagen, ich find's mega. Ich habe lieber eine Kassiererin, die mich fragt, wie mein Tag war, als eine, die es nicht mal hinbekommt, »Hallo« zu sagen. Superviele Kassierer/innen in Deutschland erschrecken sich regelrecht, wenn man ein nettes, deutliches »Hey« sagt, wenn man dran ist. Das Problem liegt also auf beiden Seiten, finde ich.

Es haben uns so viele Menschen einfach auf der Straße angequatscht: »You two look amazing. Have a nice day!«

Und dabei ist mir aufgefallen, dass meine Stock-im-Arsch-deutsche Seite sich gefragt hat: »Was wollen die von uns? Wollen die uns was verkaufen? Als ob die einfach nur nett sind.«

Aber sie waren einfach nur nett. Wieso fällt mir das also als Deutsche so schwer anzunehmen?

Bei uns ist die Mentalität einfach eine andere, eine verklemmtere und zurückhaltendere. Ich mag das nicht.

Und deswegen habe ich mir den Stock ausm Poppes gezogen und praktiziere jetzt genau diese freundliche Art auch in Deutschland. Es tut keinem weh, wenn man einfach mal ein Kompliment ausspricht oder jemanden nett grüßt.

Gewohnt haben wir direkt auf dem Ocean Drive. Also da, wo die Post abgeht.

Da geht's so richtig um »sehen und gesehen werden«. Alle kommen mit ihren dicken Karren, und die Weiber battlen darum, wer das kürzeste Kleid trägt. Nicht ganz meine Welt. Und genau darum sind wir einen Tag geflüchtet, auf eine Fähre Richtung Bahamas. Vier Stunden braucht man, um mit der Fähre von Miami auf die Bahamas überzusetzen. Die Reiseleiter wollten uns danach in ein Hotel verfrachten, bei dem man sogar Eintritt zahlen sollte. Aber wir sind einfach auf gut Glück woandershin gegangen und haben den schönsten Strand gefunden.

Es war fast keine Menschenseele da. Stell dir vor, dort stand eine Holzhütte, in der Einheimische den Fisch, den sie gerade geangelt hatten, grillten. Dazu lief Reggaemusik, und ein Typ mixte Cocktails. Natürlich genehmigen wir uns erst mal eine Bahama Mama!! Es stand nämlich schon immer auf meiner Bucket List, eine Bahama Mama auf den Bahamas zu trinken.

Diesen Punkt konnte ich abhaken, aber meine Bucket List ist voll von anderen Dingen, die ich noch erleben möchte:

Zum Beispiel möchte ich unbedingt mal mit meinen Lieblingstieren spielen: Seehunden oder Robben. Ich nenne sie schon immer liebevoll »Schwabbels«. Ich geh kaputt, wenn sie mit ihren großen, dicken, glitschigen Körpern über den Boden hopsen! Ich möchte so gerne mal welche füttern oder anfassen.

Ich will unbedingt nach Afrika und eine Safari machen.

Ich möchte mal barfuß am Strand heiraten.

Ich möchte das hochwertigste Fleisch der Welt probieren.

Ich wäre gern mal schwerelos.

Ich möchte nach Malaysia.

Ich möchte eine eigene Serie erschaffen (das Drehbuch habe ich übrigens schon angefangen).

Ich möchte gern mal für ein halbes Jahr woanders leben.

Ich möchte lernen, Salsa zu tanzen. Generell hab ich mega Bock auf einen Tanzkurs im Bereich Paartanz.

Ich würde gern essen ohne Sättigungsgefühl. Haha, okay! Diesen Wunsch werde ich mir wohl niemals erfüllen können. Aber man darf ja wohl noch etwas träumen.

Ich würde gern mal auf einen Berg steigen.

Und auch wenn's eher nicht mein Ding ist, will ich Winterurlaub machen und Snowboard fahren lernen.

Ich hoffe so sehr, dass mein Leben irgendwann so entspannt ist, dass ich ein Haustier haben kann. Ein Alpaka oder so.

Ich will mal zum Karneval nach Brasilien und auch so tollen Kopfschmuck anziehen.

Ach, meine Liste ist endlos. Und auch die Spots der Welt, die ich sehen will, sind unendlich. Australien und Neuseeland find ich ja auch megaspannend. Genauso wie ganz Asien. Ich glaube, ich werde nie müde, was das Reisen angeht. Es bereichert mich so sehr und öffnet mein Mindset für so viele Dinge.

> Wir müssen einfach ein wenig mehr unsere nicht existente Onlinewelt verlassen und abtauchen in die echte. Werte erleben, die wichtig sind, und drauf scheißen, wie viele Likes wir bekommen können.
> Also, falls mir irgendwer da draußen 'nen Urlaub klarmachen kann, sagt Bescheid.

famous

*Famous in der Onlinewelt zu sein
ist genauso, wie bei Monopoly
reich zu sein. Eigentlich bringt
es dir erst mal gar nichts.*

Ich habe euch in einer Instagram-Umfrage gefragt, was ihr gern von mir wissen wollt, und offenbar interessiert es euch, wie es sich anfühlt, »famous« zu sein.

Dazu muss ich erst mal sagen, dass sich mein »Berühmtheitslevel« ja wirklich noch in Grenzen hält. Wenn man »berühmt sein« im Duden nachschlägt, bedeutet es, »wegen besonderer Leistung oder Qualität weithin bekannt« zu sein.

Ich bin im Netz besonders gestört, ob das jetzt eine Qualität ist, weiß ich auch nicht. Aber bekannt hat es mich irgendwie doch gemacht.

Für mich sind zum Beispiel Schauspieler, Musiker und Politiker berühmt. Aber ich hadere damit, mir selbst diesen Stempel ins Gesicht zu drücken. Aber wenn ich ganz ehrlich zu mir bin, muss ich schon zugeben, dass ich bekannt bin.

Im Schnitt erreiche ich in der Woche um die 1,3 Millionen Menschen mit meinen Onlineauftritten. Das sind 2,6 Millionen Augen, die mich angucken, wenn alle noch beide Augen haben! OMG, wow, und was ist, wenn welche Brillen tragen, dann haben die ja vier Augen?! Überforderung. WHAT THE FUCK??

Das ist, als würde ganz Köln meine Videos sehen. Natürlich verteilt sich das auf Deutschland, die Schweiz und Österreich. Wenn's mal besonders gut läuft, erreiche ich in der Spitze so sieben Millionen Menschen.

Aber du musst wissen, für mich sind das nur Zahlen, ich kann es nicht greifen und vor allem nicht begreifen. Das ist doch komplett surreal.

In Deutschlands größtes Fußballstadion passen circa 81 000 Menschen. Ich war mal dort, und wenn ich mir jetzt vorstelle, dass 16-mal so viele Menschen aktiv ihre Finger bewegt haben, um zum Ausdruck zu bringen: »Ich folge Natasha Kimberly«, muss ich lachen, weil das so geistesgestört ist und ich das nicht in meinen Kopf kriege.

By the way, um dieses ganze Zahlenvergleichswirrwarr hier aufzuschreiben, habe ich fünf Minuten mit meinem Taschenrechner gebraucht. Es ist einfach nur erbärmlich, wie dumm ich in Mathe bin.

Anyways. Ja, viele gucken mich an. Aber das kam nicht von heute auf morgen, sondern hat sich stetig entwickelt. Zu Beginn meiner »Karriere« wurde ich tatsächlich von allen Seiten übelst belächelt. Ich habe gehört, wie sich Menschen hinter meinem Rücken darüber lustig machten, dass ich Videos ins Netz hochlade. Ich hab's vor allem auf Partys gemerkt. Es wurde getuschelt, wenn ich vorbeiging, und wenn irgendwer in den Raum warf: »Du machst doch diese Videos?!«, haben alle plötzlich mit dem Kopf genickt. Mein weiter Bekanntenkreis hatte also die komplette Ahnung, was ich tue, aber mir wurde meistens kein Feedback gegeben.

Ich habe mich damit manchmal schon unwohl gefühlt, aber nie so sehr, als dass es mich dazu hätte bringen können, mit meinen Videos aufzuhören.

Schließlich wuchs das Ganze weiter, und zwar unaufhörlich. Klar macht einen diese Zahl, die da steht, irgendwie auch stolz. Die erste Hürde war 1 000 Abonnenten. Die erreichte ich, glaub ich, eine Woche nachdem ich online gegangen war. Dann hieß es schon: »Ach, das nächste Ziel ist 10 000 Abonnenten, und das dauert bestimmt noch ganz lange ...« Von wegen. Einen Monat später hatte ich auch das erreicht. Und im Schweinsgalopp ging's dann schnell auch in den sechsstelligen Bereich. Ich bin grad ernsthaft verwirrt ... weil sechsstellig sich anhört wie Millionen ... aber ich meine 100 000 ... das sind doch sechs Stellen?! Hahaha, I need help.

Na ja, egal, du verstehst schon, was ich meine. Diese Zahlen stiegen jeden Tag, aber es machte ehrlich gesagt nicht viel mit mir. Ich konnte das Ganze halt nicht wirklich visualisieren, und damit hat mein Gehirn das einfach als unreal abgestempelt.

Aber relativ schnell sollte es real werden. Ich saß beim Einwohnermeldeamt, um meinen Reisepass neu zu beantragen. Das war 2015. Ich weiß das noch so genau, weil ich kurz darauf mit meiner Familie nach Thailand fliegen wollte.

Jeder kennt die Stimmung in einem Amt. Du siehst vor deinem geistigen Auge Heubälle durch die Gänge rollen. Alle flüstern, und man muss diese nervigen Nummern ziehen. Ich saß also da völlig im Beamtenvibe, als zwei junge Mädels reinkamen. Ich lächelte, und sie schauten mich nur verdutzt an. Ich dachte mir noch so: »Mensch, wieso lächeln die Leute nicht einfach mal zurück?«, machte mir aber nichts weiter daraus. Ich hatte wie immer, wenn ich alleine unterwegs bin, Musik im Ohr, denn irgendwie ertrage ich die Außenweltgeräusche ziemlich schlecht, wenn ich niemanden bei mir hab. Ich bemerkte, dass die Mädels, die sich nicht unweit von mir platziert hatten, immer wieder zu mir schauten und tuschelten. Also machte ich meine Musik leiser, um vielleicht einen Fetzen ihres Gesprächs zu erhaschen, aber irgendwie konnte ich nichts von dem verstehen, was sie sagten.

Ich kramte meinen Spiegel raus, um zu gucken, ob mir mal wieder irgendein Essensrest an der Schnute klebt oder ich mir aus Versehen mit dem Eyeliner woanders als überm Auge einen

Strich gezogen habe. Und meine Hose, die kontrollierte ich auch. Reißverschluss war zu.

»Komisch, worüber reden die wohl?«, dachte ich mir und ließ meine Gedanken schließlich ruhen, als meine Nummer auf der Anzeigetafel leuchtete. Endlich war ich dran. Nachdem ich meinen Ausweis bei der Sachbearbeiterin, die vor guter Laune und Euphorie so strotzte wie ein Eiswürfel, beantragt hatte, ging ich raus.

Vor der Tür empfingen mich dann plötzlich die Mädels aus dem Wartesaal. Diesmal aber lächelnd und irgendwie nervös.

»Du bist doch die mit den Videos, und wir wollten dir sagen, dass es echt total cool ist, was du machst.« Ufff, die haben mich doch ernsthaft erkannt. Ich war sprachlos. Ich wusste gar nicht, wie ich mich verhalten sollte. In Videos hatte ich gesehen, wie bekannte YouTuber ihre Zuschauer immer umarmen und Fotos machen. Aber alles, was ich ausstrahlte war: STOCK. Ein nichtssagender, festgewachsener Stock, der Herzklopfen bekam und schwitzige Hände.

»Fuck, was mach ich denn jetzt ...?« Ich bedankte mich mit zittriger Stimme und huschte schnell an den beiden vorbei. Unangenehm. Komisch. Und aufregend.

Rückblickend war ich die totale Verhaltenskatastrophe und hätte gern so ziemlich alles anders gemacht. Aber es war nun mal der erste Moment in meinem Leben, in dem diese unechte, bedeutungslose Followerzahl in mein reales Leben katapultiert wurde.

Ab diesem Zeitpunkt war irgendwie alles anders. Ich habe begriffen, dass hinter diesen Zahlen echte Menschen stecken, mit echten Gefühlen. Immer mehr Leute erkannten mich im Alltag auf der Straße. Beim Einkaufen im Supermarkt, auf Partys, im Restaurant, einfach überall, wo ich hinging.

Und ich sag dir, anfangs war ich immer wieder so ein Reinfall des Todes. Sobald mich jemand ansprach, pochte mein Herz, und ich wusste nicht, wohin mit mir. Am besten haben die Leute, weil sie selbst zu nervös waren, dann noch mich gefragt, ob ich das Selfie von uns machen kann.

»Ja, kein Ding, wenn meine Hand auch zittert, als wäre ich ein Alki auf Entzug.«

Alle denken immer, dass es nur Überwindung kostet, jemanden, den man online feiert, anzusprechen, aber glaub mir, darauf zu reagieren ist genauso schwierig. Zumindest zu Beginn, denn mittlerweile bin ich Profi in Begegnungen mit meiner Crew (so nenne ich übrigens meine Community)!

Zurzeit werde ich eigentlich so gut wie IMMER erkannt, wenn ich das Haus verlasse. Ich denke, das liegt vor allem daran, dass ich nicht nur auf YouTube meine Videos veröffentliche, sondern meine Sachen auch wie verrückt durch Instagram und Facebook geistern. Mehr Menschen – mehr Aufmerksamkeit.

Manchmal sind es nur diese Blicke von der Seite. Manchmal gehen Leute neben mir und denken kurioserweise, ich höre es nicht, wenn sie sagen: »Ey, die sieht aus wie die eine.«

Ich habe manchmal das Gefühl, ich sei eine Attraktion im Zirkus. Schön ist das manchmal nicht. Ich hab schon echt ein paar kuriose Sachen erlebt. Das Krasseste war, als ich einmal von Securitymännern aus einem Einkaufscenter eskortiert wurde, weil zu viele Leute mich erkannt haben. Sie haben mich freundlich gebeten, den Ort zu verlassen, um keine Massenhysterie auszulösen. Dabei war ich nur kurz in Schlabberklamotten dort, um mir verdammte Flip-Flops für meinen Urlaub zu holen. Es waren mehrere Schulklassen zum genau gleichen Zeitpunkt dort. Ja, und wenn einer anfängt zu schreien, könnt ihr euch vorstellen, was dann passiert ist. So krass ausgeufert ist es aber zum Glück nur dieses eine Mal.

Manchmal werde ich kilometerlang von Teenies verfolgt, die mich heimlich filmen. Da sage ich aber auch jedes Mal was. Ich verstehe ja total, wenn man sich nicht traut, mich anzuquatschen, aber mir hinterherzuschleichen? Darin habe ich den Sinn auch noch nicht ganz erkannt.

Oder ich war mal mit meinem Freund einkaufen. Wir sind anschließend zu Fuß nach Hause gegangen, als mich auf Snapchat eine Nachricht erreichte: Ein Bild von mir und meinem Freund mit dem Text »Hab dich eben gesehen, aber weil du privat unterwegs warst, hab ich dich nicht angesprochen«.

Der Grundgedanke ist superlieb, aber wieso hat diese Person ein Undercoverbild von mir und meinem Freund gemacht? I don't get it. Ich finde den Gedanken eher beängstigend, dass jemand in meiner Nähe war und Fotos ohne meine Erlaubnis gemacht hat. Nicht cool.

Ich bin immer und zu jeder Zeit bereit, mit meinen süßen Zuschauermenschen Bilder zu machen, ihr müsst mich nur fragen. Aber das ist auch so eine Sache, die ich ziemlich witzig finde. Viele, die mich ansprechen, sind offenbar so nervös, dass es für nix anderes reicht als: »Können wir ein Foto machen?«

Ich sag mal so, ich denke, nur in zwei von zehn Fällen schaffen es die Leute, mir erst mal »Hallo« zu sagen. Fast nie stellt ihr euch selbst vor. Und in acht von zehn Fällen geht ihr nach dem Foto kommentarlos weg. Ich muss dann immer lachen! Hauptsache, das Foto ist am Start.

Viele sagen auch, sie wollen mich nicht nerven. Aber ich glaube, wenn ich jemanden treffe, den ich total cool finde, würde ich reden wollen.

Mein Vorbild ist ja Liza Koshy. Ich liebe die Frau. Ich würde ihr genau das sagen wollen. Ich würde sie für ihre unendliche Kreativität loben und würde ihr Fragen stellen, die mir auf der Seele brennen. Natürlich nur, wenn sie Zeit hat, denn sonst würde ich vermutlich auch einfach fragen: »Hallo, Foto bitte?« Hahaha.

Ab und zu kommen auch Menschen zu mir und wollen ein Foto, nur weil andere gerade eins mit mir gemacht haben. So nach dem Motto: »Ich weiß zwar nicht, wer du bist, aber du musst ja irgendwer sein!«

Ja richtig, ich bin irgendwer. Umso creepier finde ich's, wenn Leute das wollen. Ich will gar nicht wissen, auf wie vielen Handys ich im Fotospeicher bin.

Aahhh, mir fällt grad noch ein Klassiker ein! Menschen halten mir ihr Handy ins Gesicht und sagen: »Sag mal was Lustiges!« ... Wow, seriously? Wat bin ich? Ein Spaßautomat? Ist doch genauso kacke wie »Lach doch mal!«. Will man dann aus Prinzip nicht tun.

Das wohl Unangenehmste ist aber, wenn Menschen mir ungefragt in die Haare fassen. Ja, ich habe viele Haare, ja, sie sehen anders aus, aber nein, bitte fass sie nicht an, wenn ich es dir nicht erlaube.

Da gibt's so drei Arten von Menschen:

1. Der dreiste Wuschler
Dieser Mensch macht ein Statement zu meinem Haar und wuschelt es anschließend so richtig durch. Das ist für mich ehrlich gesagt das Allerschlimmste.

2. Der Frager-aber-nicht-Antwort-Abwarter
Das ist ein Mensch, der, während er fragt, ob er meine Haare anfassen darf, meine Haare schon anfasst, ohne auf meine Erlaubnis zu warten. Danke für nichts.

3. Der Höfliche
Er fragt lieb, ob er mal anfassen darf. Das ist mir ja direkt sympathisch! Trotzdem sag ich meistens Nein – hahaha.

Ich muss schon sagen, dass ich ein sehr touchiger Mensch bin. Bedeutet, ich umarme gerne, ich stupse an, ich gehe auf Körperkontakt, wenn ich mich wohl fühle.

Anfangs war es aber schwierig für mich zu begreifen, dass die fremden Menschen das Gefühl haben, dass ich kein Fremder bin, da sie mich ja über meine Videos »kennen« und ich ihnen somit vertraut bin. Und genauso verhalten sich auch viele. Macht ja auch Sinn. 80 Prozent aller Menschen, die ich treffe, fordern auch eine Umarmung ein. Mittlerweile bin ich cool damit, aber zu Beginn war es echt komisch. Für mich fühlt es sich halt immer noch an, als würde ich einen völlig Fremden kuscheln. Weird but cool but weird.

Auf Partys oder Festivals gehe ich eher selten, denn da habe ich meist kaum Ruhe. Meine Freunde sind dann teilweise auch abgefuckt, wenn sie mal wieder auf mich warten müssen, weil ich nicht Nein sagen kann, wenn jemand ein Foto möchte.

Ich bin aber wahnsinnig froh um jede einzelne Begegnung mit Leuten, die meine Videos schauen, denn so bekommt diese abstrakte Zahl für mich nach und nach ein Gesicht. Und ich kann dir sagen, es ist ein unfassbar schönes.

Wenn diese öffentliche »Bekanntheit« jetzt bedeutet, dass ich famous bin, dann wäre ich es lieber nicht. Ich bin ganz ehrlich. Ich liebe das Kreieren von Content, ich liebe es, im Prozess tolle Dinge zu erschaffen, die mein Herz bewegen, wie dieses Buch. Aber den ganzen Trubel vor der Tür, den bräuchte ich nicht.

Aber wie mein Freund immer so schön sagt: »You can't have it both ways.« Man kann nicht so was machen und dann erwarten, dass es keine Reaktion im echten Leben gibt. Er hat recht.

Bekannt zu sein öffnet einem natürlich auch etliche Türen, die vorher verschlossen waren. Das ist schon ziemlich cool. Man wird gesehen, auch von wichtigen Leuten. Es kann Möglichkeiten eröffnen, die einem vorher nie geboten worden wären. Wie zum Beispiel meine eigene Merchandising-Kollektion. Wäre ich nicht bekannt, würde sich ja auch keine Sau dafür interessieren.

Ab und zu werde eingeladen zu Veranstaltungen und Shows. Aber die berühmt-berüchtigten Bloggergeschenke, die bleiben bei mir irgendwie aus. Woran das wohl liegt? Vielleicht daran, dass ich immer ehrlich sage, was ich denke? Ich weiß es nicht, hihi.

Dafür habe ich den Kram ja auch nicht angefangen. Deswegen kann ich gut ohne die ganzen Goodies leben.

Meinen letzten präsenten Fame-Moment hatte ich im April 2019, als ich bei den ABOUT YOU Awards war. Nachdem ich nominiert worden war, ging ich meiner Community wochenlang auf die Nerven, und so voteten mich meine Fans tatsächlich ins Finale der Show. Ich glaube, das war das erste Mal, dass ich mir so einen kompletten Influencer-Film gegeben habe.

Ich reiste nach München, wurde von einem Fahrer abgeholt und bekam ein Zimmer in so einem kranken 5-Sterne-Hotel, in dem Geschenke auf mich warten sollten.

Zum Glück hatte ich meine Mama, meine Schwester, meinen Freund und meinen Manager dabei. Denn was da abging, war echt nicht mehr normal.

Die meisten waren unfassbar wichtig und zu cool für ein Lächeln. Die Atmosphäre, die das Event geschaffen hatte, war atemberaubend, die Atmosphäre, die die Gäste jedoch zauberten, war grauenhaft. Ich weiß nicht, woran es liegt, dass bei Influencer-Veranstaltungen meistens eine ganz komische Stimmung ist. Entweder stehen alle in ihren Grüppchen und mustern sich gegenseitig, oder sie sind völlig unverhältnismäßig nett zu einem. Und am besten halten sie dir dann noch ihr

Handy ins Gesicht. »Guckt mal, mit wem ich abhänge!« Beides komisch!

Wenn ich einen Raum betrete, stelle ich mich allen vor! Das hat einige Menschen aus ihrem Resting Bitch Face geworfen, und ich hab gemerkt, dass es oft gar keine Arroganz ist, sondern lediglich Unsicherheit.

Dabei besteht auf solchen Events so viel Raum zum kreativen Austausch. Und das geht flöten, weil die meisten versuchen, ihr Onlinebild zu wahren. Komisch.

Anyways. Ich war auf dieser Veranstaltung, habe mich wohl in meiner Haut gefühlt und war mir zu 100 Prozent sicher, dass ich diesen Award nicht gewinnen werde. Einfach weil meine Mit-streiter unfassbar coole, talentierte Menschen waren. Ich habe mir schön einen Drink reingefahren vorher. War mega ent-spannt und bereit, einfach eine gute Zeit zu haben. Bis mein Freund, der in der Show neben mir saß, fragte, wie er mir am besten gratulieren soll, wenn ich gewinne, damit wir nicht wie zwei Deppen mit den Köpfen gegeneinanderknallen oder ich aufspringe und er mich umarmen will und es dann mega weird wird (was ja auch zu mir passen würde).

Ich hab dann versucht, ihm und meiner Familie klarzumachen, dass sie sich alle mal entspannen sollen, weil ich eh nicht auf die Bühne muss, aber irgendwie haben die nicht lockergelas-sen. Ich war so entspannt, dass ich sogar meine Schuhe etwas geöffnet habe, weil meine Füße in den High Heels mittlerweile aussahen wie Presswürste! Aber Premium-Presswürste, weil ich sogar bei der Fußpflege war. (Okay, die Fußpflegerin war mei-ne Mama, aber das ist ein anderes Thema.)

Jedenfalls saß ich dort, mit lockeren Schuhen, Snacks in mei-ner Handtasche, bis meine Kategorie anfing. Enissa Amani, die geile Sau, moderierte die Kategorie Comedy an, und ir-gendwie hörte sie nicht auf, tolle, positive Sachen über mich

zu sagen. Mir wurde komisch. Mein Freund stupste mich be-
stätigend an. Ich hörte meinen Namen. Blackout! Das Einzige,
was ich weiß, ist, dass ich meine Schuhe auszog, weil ich da
mit meinen Fettlatschen niemals mehr richtig reingekommen
wäre, und hinfallen wollte ich auch nicht. Denn – hey, surprise!
– eine Rede hatte ich auch nicht vorbereitet. Okay, ciao.
Das war mein Moment, und ich wusste nix davon! Geil. Also
stapfte ich barfuß auf die Bühne, wieso ich meine Schuhe mitgenommen habe, weiß ich bis heute nicht, und hielt eine kurze
Rede. War ganz gut, wenn ich mir das im Nachhinein so anse-
he. Ich scheine also irgendwie für den Scheiß gemacht worden
zu sein. Ich huschte wieder runter, setzte mich hin und kam gar
nicht klar! Hier kehrt dann meine Erinnerung so langsam wieder zurück. Diesen Bühnenmoment habe ich irgendwie einfach
wie so ein Roboter durchgezogen.
Krass. Viel zu krass. Und das Ganze wurde auch noch im deutschen Fernsehen ausgestrahlt. Ich komm immer noch nicht
drauf klar und würde das gerne zur Verdeutlichung noch dreimal schreiben:
Ich komm nicht darauf klar.
Ich komm nicht darauf klar.
Ich komm nicht darauf klar.
So, okay. Puh. Wir haben dann anschließend natürlich noch ordentlich gefeiert. Und komischerweise sprachen dann alle mit
mir, die mich vorher nur grimmig angeschaut hatten. Kaputte
Welt.
Wir haben dann relativ schnell die Party verlassen, und das war
auch okay so.

Ich brauchte echt ein paar Tage, um das Erlebte zu verarbeiten.
Dieser ganze Trubel ist nicht das, was ich an meiner Arbeit lie-
be. Er ist manchmal ein schöner Nebeneffekt und definitiv eine
Riesenerinnerung für mich als Oma Tashi.

Was ich liebe, ist, Menschen zu erreichen und mit meiner Message etwas in ihnen zu bewegen. Dafür mach ich das.

Manchmal kann das jedoch auch ziemlich anstrengend sein. Am Anfang meiner Karriere konnte ich hochladen, wie ich lustig war. Es hat niemanden interessiert, wann und ob etwas von mir online kam. Das ist heute anders. Heute warten Tausende Menschen auf regelmäßige Updates, Videos, Fotos. Es ist fast, als würde ich eine Beziehung mit meinen Followern führen. Sie wollen wissen, wie es mir geht, sie spüren, wenn etwas nicht stimmt, sie drehen mir jedes Wort im Mund um und legen alles, was ich sage, auf die Goldwaage. Auch das ist wohl »Fame«.

Ab dem Punkt, als ich mir ausgesucht habe, meine Leidenschaft zu professionalisieren, war ich nicht mehr frei. Ich habe Verantwortung und ich muss regelmäßig abliefern. Das ist halt jetzt auch mein Job, mit dem ich, was manche vielleicht manchmal vergessen, auch Geld verdienen muss. Denn ich habe eine Wohnung und ganz schön viel Hunger, der gestillt werden will. Ich sag's euch, wie es ist: Klar verdiene ich mit meinen Videos Geld. Und das finde ich auch völlig in Ordnung beziehungsweise megageil. Ich habe es nämlich tatsächlich geschafft, aus meinem größten Hobby Profit zu schlagen. Dieses Gefühl ist einfach nur unfassbar. Trotzdem geht damit einiges einher. Druck. Manchmal habe ich das Gefühl, dass ich auf Knopfdruck kreativ sein muss. Und das ist nicht ganz so toll.

Einige Videos landeten deswegen schon in der Tonne, einfach weil sie meinen Ansprüchen nicht gerecht wurden. Kreativität ist eben nicht auf Knopfdruck abrufbar. Sie kommt und sie geht, wie das Fett an meinem Körper, haha. Ich habe hohe Ansprüche an mich selbst und möchte deswegen immer nur das Allerbeste hochladen. Und jaja, ich weiß, dass meine Videoqualität nicht die allergeilste ist, aber ich spreche auch nicht von der Qualität des Videos, sondern von der Qualität des In-

halts meines Videos. Wenn wir jetzt darüber reden wollen, wie aufwändig meine Videos gedreht sind, dann würde ich sie mit einem T-Shirt von Primark vergleichen. Reden wir aber darüber, wie inhaltlich wertvoll meine Videos sind, dann würde ich behaupten, das ist schon ziemlich fresh und handmade. Das kann richtig stressig sein. Aber jetzt habe ich mich genug beschwert, denn eigentlich lebe ich gerade meinen Traum.
Also bin ich dankbar.

> Zusammenfassend ist dieser Famous-Aspekt also gar nicht mal so cool. Jedoch ist er Mittel zum Zweck. Deswegen werde ich gesehen und vor allem aber mit meiner Message gehört. Und ab jetzt auch gelesen, muahahaa.
> Geilooooooo.
> #famous #ichbinautorinmotherfucker

#fazit

*Alles hat ein Ende, nur die
Bockwurst hat zwei*

Ich glaube, auf den letzten Seiten habe ich dir alles gegeben, was ich geben kann. Natürlich habe ich mit dem Shit hier jetzt nicht das Rad neu erfunden. Aber ich hoffe, du hattest Spaß. Und ich konnte dir ein wenig die Augen öffnen und dich stärken.

Ich muss schon sagen, es war ein krasser Prozess, dieses Buch zu schreiben. Es war ja schon immer ein Traum von mir, aber dass es mich so bumst, hätte ich nicht gedacht. Ich glaube, es wäre mir leichtergefallen, eine fiktive Geschichte zu erzählen als meine eigene. Vor allem weil ich ja immer denke, mein Leben hat doch gar keine Relevanz für irgendwen außer für mich und mein nahes Umfeld. Aber da du kleine Dattel im Speckmantel ja offenbar immer noch liest, muss es irgendwie anders sein. Und dafür bin ich dankbar.

Ich weiß nicht, ob jeder Mensch, der ein Buch schreibt, durch so einen Tornado an Gefühlen geht, aber ich wollte dir das nicht vorenthalten. Denn wir sind ja ehrlich zueinander, ne?!

Ich glaube, viele Menschen des öffentlichen Lebens haben für ihre Bücher Ghostwriter. Aber genau das wollte ich nicht. Und zwar unter keinen Umständen.

Im Prozess hatte ich öfter das Gefühl, dass ich nichts mehr zu sagen habe, und mir wurde angeboten, dass mein Buch dann von jemand anderem beendet werden könne. Aber hallo?!!? Das ist MEIN Buch, meins, meins, meins. Und wenn ich mir ein Bein ausreißen muss dafür.

Gestern hatte ich so 'nen Tag, da stieg mir alles zu Kopf. Es gibt natürlich eine Deadline. Ich habe dir ja schon erzählt, dass mein Körper sehr sensibel ist. Und wenn ich mich gestresst fühle, schlägt sich das sofort auch auf mein Körpergefühl nieder. Ich hatte so schlimme Bauchschmerzen, dass ich weinend zusammengebrochen bin.

Krass, dass etwas, wofür man sich selbst entschieden hat, einem so wehtun kann. Für mich war das Schreiben dieses Buches eine Lebensaufgabe. Ich habe hoffentlich vermittelt, was mir wichtig ist, du weißt jetzt hoffentlich, was mich ausmacht, und wieso ich bin, wie ich bin. Aber am allermeisten wünsche ich mir, dass du Parallelen zu deinem Leben ziehen kannst und dir mein Geschwafel hier auch etwas bringt.

Ich hoffe so sehr, dass du beim nächsten Blick in den Spiegel deinen besten Freund siehst. Dich selbst. Und dich auch genauso behandelst. Du bist wertvoll. Und ich wünsche dir nur das Allerschönste im Leben. Ich wünsche dir Sonnenschein, ich wünsche dir Liebe. Ich wünsche dir Freunde, die dir Rückenwind geben, die dich auffangen, wenn du fällst. Ich wünsche dir die Power, die du brauchst, um zu erreichen, wonach du strebst. Ich wünsche dir so heftige Lachanfälle, dass du dir den Bauch halten musst. Ich wünsche dir die schönste Zeit mit dir selbst, den Ehrgeiz, den du brauchst, um wichtige Aufgaben zu erledigen. Ich wünsche dir Gelassenheit, um Dinge hinzunehmen, die du nicht ändern kannst. Ich wünsche dir Bewusstsein für dich und deine Seele. Gesundheit. Und Ich wünsche dir, dass du ankommst im Leben. Entschleunigung. Und dass du dich auf die Sachen besinnst, die wichtig sind. Und gottverdammt, ich wünsche dir so heftig geiles Essen!

Auch wenn ich jedes Wort selbst getippt habe, muss ich allen Menschen danken, die mich auf dieser Reise begleitet haben.

Zuallererst mein Management (geil, das wird jetzt so 'ne Award-Ansprache). Die Suga Agency, das sind die Irren, die erkannt haben, dass ich meine Leidenschaft zum Beruf machen kann. Wusstest du, dass mein Manager Akay von Overground ist? Du weißt schon, die Band, die bei *Popstars* gewonnen hat. Die mit dem Song »Schick mir 'nen Engel« – ich kann nicht mehr. Es ist manchmal so krass. Wenn mir früher jemand gesagt hätte, als ich vorm TV saß, dass Akay mal maßgeblich an der Veränderung meines Lebens beteiligt sein wird, hätte ich demjenigen den Vogel gezeigt. Akay ist ein wahres Vorbild. Ich kenne niemanden, der so hart arbeitet wie er, und ich bin unendlich dankbar, dass sich unsere Wege gekreuzt haben. Mittlerweile sind er und seine Frau Leni mehr als Management. Sie sind Familie. Meine Partner in Crime. Es gibt für mich nichts Wichtigeres, als von Menschen umgeben zu sein, denen ich blind vertrauen kann. Und genau das habe ich mit ihnen gefunden. Danke!

Ein besonderer Dank geht an meine beste Lynn! Mein Vanillebärchen. Mein Brainstormpartner in Crime. Wenn ich mir bis zum Ende meines Lebens nur eine Person aussuchen dürfte, mir der ich kreative Dinge besprechen kann, wäre sie es. Sie ist genau die Freundin, die mir den Rücken stärkt. Die mir selbstlos hilft, wenn ich nicht weiterkomme. Sie ist Motivation und unendliche Liebe! Wir sind genau auf einer Wellenlänge, und sie hat mir, während ich dieses Buch geschrieben habe, so oft gut zugesprochen und vor allem so guten Input gegeben. Ich könnte mir keine bessere Freundin vorstellen. Danke, dafür sollst du von mir auf Lebzeit Nutella bekommen. Love you so much.

Auch mein Freund Christian spielte im Prozess eine tragende Rolle. Wortwörtlich hat er mich durch Phasen getragen, in denen es mir echt kacke ging. Er gab mir Halt und neue Kraft, um weiterzumachen, wenn ich dachte, ich krieg das nicht auf die Kette. Er ist mein Fels, mein Sonnenschein und das größte Geschenk, das ich jemals vom Leben bekommen habe. Ich liebe dich.

Meine Familie. Hach. Die Menschen, die akzeptieren, welchen Weg ich eingeschlagen habe. Ich liebe euch alle. Besonders meine Mama hat mich immer wieder beruhigt. Und hey, danke, dass du mich geboren hast. Sonst gäbe es dieses Buch jetzt schließlich auch nicht.
Ich wirke wie ein labiles Wrack, haha. Vielleicht war ich das während dieser Zeit auch. Aber es gab so viel Unterstützung aus meinen eigenen Reihen, dass ich wusste, ich werde das rocken.

Und hier sind wir. Du liest die letzten Zeilen meines ersten eigenen Buches. Ich werd verrückt. Danke, dass du Teil davon bist. Denn ohne meine Community wäre das niemals passiert. Jetzt bleibt mir nur noch eins zu sagen:
Für mehr abonnier mich auf YouTube »Natasha Kimberly #nobeautychannel« oder auf Instagram unter »Tashakimberly«, denn weniger ist immer scheiße. (Insider move out.)

In Liebe

Tashi